アガルートの
司法試験・予備試験
総合講義 1 問 1 答

民 事 訴 訟 法

アガルートアカデミー 編著

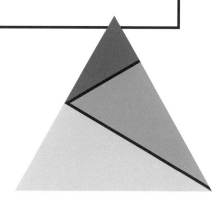

AGAROOT
ACADEMY

は し が き

　本書は，司法試験・予備試験の主に論文式試験で問われる知識を1問1答形式で整理したものである。初学者であれば，基本書等を読み進めて理解した後で，その知識を復習するための副教材として使用することを，中上級者であれば，一通りインプットを済ませた後で，知識を網羅的に点検し，定着させるものとして使用することを想定している。

　論文式試験で問われる知識を整理・確認する書籍としては，論証として整理をしている論証集や，問題とその解説あるいは解答例という形式で提供する演習書が存在する。しかし，論証集には，問題形式になっておらず人によっては覚えにくく取り組みにくいという側面があり，演習書には，問題文が長文になりがちで知識を再確認するには使いにくいという側面がある。

　そのため，シンプルに論文で問われる知識をおさらいできる問題集はないかと模索した結果，1問1答形式の問題集に至った。作成当時は，アガルートアカデミーで個別指導を受講している受講生向けに，復習用教材として使用していたのであるが，その評判が上々であり，学習の成果も確認することができたため，これを書籍として刊行することにした次第である。

　本書は，2019年に『アガルートの司法試験・予備試験 総合講義1問1答 商法・民事訴訟法』として発行したものであるが，判例学習の重要性が増している私法系科目の傾向を踏まえ，1問1答だけでなく，重要判例に関する空欄補充問題も掲載し，「商法」「民事訴訟法」として独立させたものである。

　本書の空欄補充問題を通じて，最低限記憶しておくべき，判例の結論及び，結論を導くための重要なキーワードをインプットしてほしい。

　本書は，知識の解説をしたものではなく，また，具体的事例問題を掲載したものでもない。司法試験・予備試験の合格に必須の知識を定着させるための問題集である。すらすらと書けるようになるまで，繰り返し解き続けてほしい。

　本書の前身である問題集は，既にアガルートアカデミーの受講生が利用しており，多くの合格者を輩出している。読者諸賢にとっても，この問題集が，正確な知識の定着の一助となり，司法試験・予備試験の合格を勝ち取ることを切に願う。

2021年7月吉日

アガルートアカデミー

目　次

民事訴訟法

本書の使い方

問題ランク
Aは学習初期から必ず押さえてほしい基本的な問題を，Bはそれ以上のレベルの問題を表します。
1周目はAだけを，2周目はBを中心に問題を解いていくと学習を効率的に進められます。

チェックボックス
解き終わったらチェックして日付を記入しましょう。

問題文
基本・重要論点を順序立てて端的に問う内容となっています。

通し番号
単元ごとの通し番号です。「今日は何番まで」等，目標設定にお役立てください。

条文表記
（197Ⅰ③）は，197条1項3号を表します。

【左側：問題】

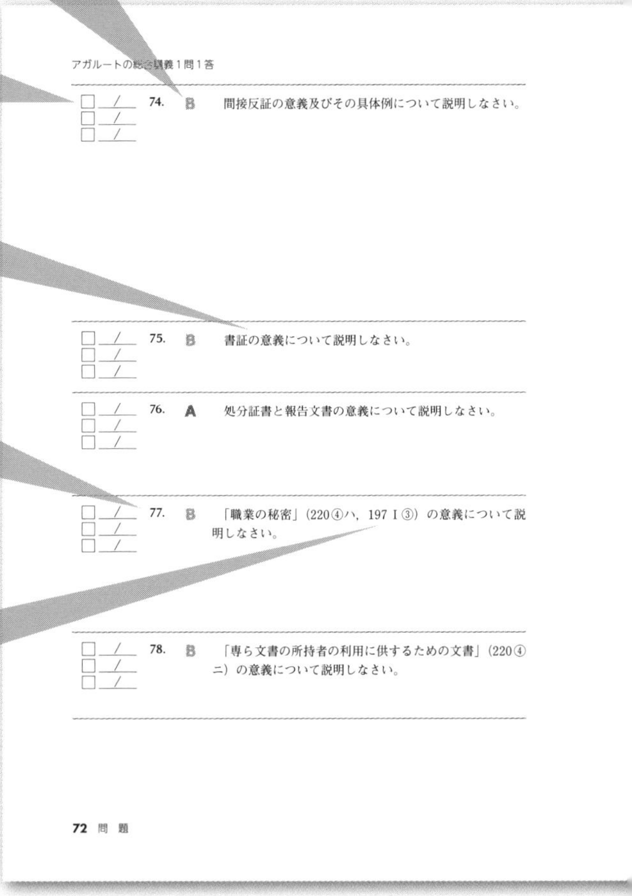
アガルートの総合講義1問1答

□ ／ □ ／ □ ／ 74. B 間接反証の意義及びその具体例について説明しなさい。

□ ／ □ ／ □ ／ 75. B 書証の意義について説明しなさい。

□ ／ □ ／ □ ／ 76. A 処分証書と報告文書の意義について説明しなさい。

□ ／ □ ／ □ ／ 77. B 「職業の秘密」（220④ハ，197Ⅰ③）の意義について説明しなさい。

□ ／ □ ／ □ ／ 78. B 「専ら文書の所持者の利用に供するための文書」（220④ニ）の意義について説明しなさい。

72 問題

【右側：解答】

74. 間接反証とは、ある主要事実について証明責任を負う者がこれを推認させるに十分な間接事実を一応証明した場合（表見証明）に、相手方がこの間接事実とは別個の、しかもこれと両立し得る間接事実を本証の程度に立証することによって主要事実の推認を妨げる立証活動。間接反証理論は、法律要件分類説を前提としながら、証明困難な主要事実をめぐる間接事実についての証明の負担を両当事者のいずれかに分配して、証明困難な主要事実についての証明責任の公平な運用を図る機能を営む（その際、主要事実の証明責任は変動しない）。

　　民法787条の認知の訴えにおいて、主要事実（血縁上の親子関係の存在）を直接に立証することが困難であるため、原告の母と被告との間に性交渉があり、血液型が矛盾しないとの間接事実を立証し、主要事実たる親子関係の証明につき一応成功したとする。その場合、被告がこれらの事実は争わないで、これと両立し得るほかの間接事実の主張である不貞の抗弁（他の男性との間にも性交渉があったこと）を出してこれを証明することにより、いったん認められた主要事実の認定を妨げる。

75. 文書に記載された特定人の意思や認識などの意味内容を証拠資料とする証拠調べ。

76. 処分証書とは、法律行為がその書面によってなされている文書をいう。処分証書は、文書作成の意思と記載内容たる行為の意思とが直接関係しているため、文書の真正が証明されたときは、特段の事情がない限り、記載された内容どおりの事実を認定するべきである（最判昭45.11.26）。報告文書とは、それ以外の、作成者の見解や意見などを述べた文書をいう。

77. 「職業の秘密」とは、主観的に秘密扱いしているというだけでは足りず、客観的にみてその事項が公開されると当該職業に深刻な影響を与え、以後その遂行が困難になるものを指す（最決平12.3.10）。もっとも、ある事項が「職業の秘密」に属するとしても、そのことから無条件に文書提出義務が免除されるわけではなく、そのうち、保護に値する秘密に対してのみ同義務の免除が認められる。保護に値するか否かは秘密の公表によって生ずる不利益と、文書提出の拒絶によって犠牲になる利益との比較衡量により、具体的事案に応じて決せられる（最決平18.10.3）。

78. ①「専ら内部の者の利用に供する目的で作成され、外部の者に開示することが予定されていない」こと（内部利用目的・外部非開示性）、②「開示によって所持者の側に看過し難い不利益が生ずるおそれがあると認められること（実質的不利益性）及び③「特段の事情のないこと」

解答
論文式試験で記載することになる知識をまとめた内容になっています。

インデックス
現在学習中の部分が一目瞭然です。

民事訴訟法

1　序論〜訴訟関係者

☐ ／
☐ ／　**1.**　**B**　訴訟判決と本案判決の意義について説明しなさい。
☐ ／

☐ ／
☐ ／　**2.**　**B**　訴訟要件の意義について説明しなさい。
☐ ／

☐ ／
☐ ／　**3.**　**A**　当事者の意義及び判断基準について説明しなさい。
☐ ／

☐ ／
☐ ／　**4.**　**B**　甲が乙の名をかたって丙に対して提起した訴訟におい
☐ ／　　　　　　　て，氏名冒用の事実が明らかになった場合，どのように
　　　　　　　　　　処理すべきかについて，氏名冒用の事実が判明した時期
　　　　　　　　　　に分けて説明しなさい（原告側冒用の場合）。

☐ ／
☐ ／　**5.**　**B**　XはYを訴えたところ，ZがYだと称して応訴した場
☐ ／　　　　　　　合，どのように処理すべきかについて，氏名冒用の事実
　　　　　　　　　　が判明した時期に分けて説明しなさい（被告側冒用の場
　　　　　　　　　　合）。

1 序論～訴訟関係者

1.　　訴訟判決とは，民事訴訟において，審判の対象となる<u>権利義務又は法律関係</u>の有無について<u>判断せずに</u>，<u>訴訟要件</u>が充足していないことなどを理由として下される判決をいう。本案判決とは，民事訴訟において訴訟の対象になっている<u>権利又は法律関係の有無について判断を下す</u>判決をいう。

2.　　本案の審理を続行して<u>本案判決を</u>するための要件。<u>口頭弁論終結時</u>を基準に判断される。

3.　　(1)　意義
　　　　　　訴え又は訴えられる（134Ⅱ①）ことによって判決の名宛人となる者（115Ⅰ①）。
　　　　(2)　判断基準
　　　　　　<u>基準の明確性確保のため訴状の記載から判断</u>するが，<u>具体的妥当性確保のため</u>，訴状の記載（請求の趣旨及び原因も含む）の合理的解釈は許すべきである（通説・実質的表示説，大阪地判昭29.6.26）。

4.　　（実質的）表示説によれば，<u>被冒用者が当事者となる</u>。したがって，以下のように処理すべきである。
　　　　(1)　訴訟係属中に判明した場合，裁判所は冒用者である甲を排除し，被冒用者である乙を呼び出した上で乙の訴訟追行の意思を確認すべきである。その上で，①被冒用者に訴訟追行の意思がない場合，取下げに準じて訴訟終了し，あるいは当事者適格を欠くものとして訴え却下をする。②被冒用者に訴訟追行の意思がある場合，被冒用者を原告として訴訟続行させる。
　　　　(2)　判決がなされた場合，被冒用者たる乙は<u>上訴</u>（312Ⅱ④）・<u>上訴の追完</u>（97Ⅰ）・<u>再審</u>（338Ⅰ③）によって判決を取り消すべきである。

5.　　（実質的）表示説によれば，<u>被冒用者が当事者となる</u>。したがって，以下のように処理すべきである。
　　　　(1)　訴訟係属中に判明した場合，裁判所は冒用者であるZを排除し，被冒用者であるYを呼び出した上でYに訴訟を追行させるべきである。
　　　　(2)　判決がなされた場合，被冒用者たるYは<u>上訴</u>（312Ⅱ④）・<u>上訴の追完</u>（97Ⅰ）・<u>再審</u>（338Ⅰ③）によって判決を取り消すべきである。

<table>
<tr><td>□ ___/___
□ ___/___
□ ___/___</td><td>6.</td><td>B</td><td>訴訟係属前に死亡した死者を当事者とする訴訟をどのように処理すべきかについて，死亡の事実が判明した時期に分けて説明しなさい。</td></tr>
<tr><td>□ ___/___
□ ___/___
□ ___/___</td><td>7.</td><td>B</td><td>訴訟係属後，口頭弁論終結前に死亡した死者を当事者とする訴訟をどのように処理すべきかについて，死亡の事実が判明した時期に分けて説明しなさい。</td></tr>
<tr><td>□ ___/___
□ ___/___
□ ___/___</td><td>8.</td><td>B</td><td>口頭弁論終結後に死亡した死者を当事者とする訴訟をどのように処理すべきかについて説明しなさい。</td></tr>
<tr><td>□ ___/___
□ ___/___
□ ___/___</td><td>9.</td><td>A</td><td>当事者能力の意義及び当事者能力を有する者の具体例について説明しなさい。</td></tr>
<tr><td>□ ___/___
□ ___/___
□ ___/___</td><td>10.</td><td>B</td><td>「社団」(29) の中に民法上の組合が含まれるか，説明しなさい。</td></tr>
</table>

6.　（実質的）表示説によれば，被冒用者が当事者となる。したがって，以下のように処理すべきである。
　　(1)　訴訟係属前に発覚した場合は，訴状の「当事者」（133Ⅱ①）の記載を欠き，補正の問題（137）として処理すべきである。
　　(2)　訴訟係属後に発覚した場合は，当事者の実在という訴訟要件を欠き，原則として訴え却下すべきである。もっとも，訴え提起後，訴訟係属（訴状送達）前に死亡し，相続人が訴訟追行をしている場合には，潜在的な訴訟係属が認められること，訴訟経済の観点，相手方の既得の地位の保障の観点から，124条1項1号を類推適用して相続人を当事者とし得る。また，口頭弁論終結時までは，任意的当事者変更の手続も取り得る。
　　(3)　判決後であれば名宛人を欠く判決として無効とする。

7.　（実質的）表示説によれば，被冒用者が当事者となる。したがって，以下のように処理すべきである。
　　(1)　係属中に発覚した場合は，訴訟承継により中断，受継の効果が生じる（124）。
　　(2)　口頭弁論終結後判決前に発覚した場合は中断・受継の効果が生じ，弁論が再開（153）する。
　　(3)　判決後発覚した場合は，受継後，死者の相続人が上訴（312Ⅱ④）や再審（338Ⅰ③）により争う。

8.　（実質的）表示説によれば，被冒用者が当事者となる。したがって，判決の言渡しは可能だが（132Ⅰ），上訴期間（285，313）は停止し（132Ⅱ），判決は確定しないので，死者の相続人は受継後上訴により争うべきである。ただし，訴訟代理人がいる場合は手続は中断せず（124Ⅱ），相続人は「口頭弁論終結後の承継人」（115Ⅰ③）として判決効が及ぶ。

9.　(1)　意義
　　　　当事者となり得る一般的な資格。
　　(2)　具体例
　　　　民法上の権利能力者（28），「法人でない社団又は財団で代表者又は管理人の定めのあるもの」（29）。

10.　組合の中にも団体性を認めてよい場合があるし，組合財産は個人財産から独立して管理され（民676Ⅰ），社会生活上一個の団体としてその名で活動することがあり，現実には社団と組合の区別は困難である。そこで，民法上の組合も「社団」（29）に含まれると解する（最判昭37.12.18）。

□ ／
□ ／ **11.** **A**   法人格なき社団に当事者能力が認められるための要件
□ ／   について説明しなさい。

□ ／
□ ／ **12.** **B**   法人格なき社団に当事者適格が認められるかについて
□ ／   説明しなさい。また，当事者適格を認める見解からは，
    どのような構成があるかについて説明しなさい。

□ ／
□ ／ **13.** **B**   入会団体の代表者が土地の総有権確認訴訟の追行をす
□ ／   る場合における授権の要否について，団体が原告となる
    場合と被告となる場合に分けて説明しなさい。

□ ／
□ ／ **14.** **B**   権利能力なき社団における登記名義はどのように扱う
□ ／   べきかについて説明しなさい。

□ ／
□ ／ **15.** **B**   権利能力なき社団における登記手続請求をどのように
□ ／   取り扱うべきかについて，複数の手段を挙げて説明しな
    さい。

11.　①団体としての組織を備えていること，②多数決の原則が行われていること，③構成員の変動が団体の存続に影響を与えないこと，④団体として主要な点（代表の方法，総会の運営，財産の管理等）が確定していること（最判昭39.10.15，最判昭42.10.19）。

12.　実体法上の権利義務は構成員に帰属し，団体はそれについて訴訟担当者として当事者適格を持つと考える（最判平6.5.31）。法定訴訟担当とみる見解と任意的訴訟担当とみる見解がある。

13.　(1)　団体が原告となる場合
　　　入会団体は入会権者全員の訴訟担当者たる地位にあるから，確定判決の効力は構成員全員に対して及ぶものであり（115Ⅰ②），入会団体が敗訴した場合には構成員全員の総有権を失わせる処分をしたのと事実上同じ結果をもたらす。また，会社や社団法人のように，代表権の範囲が法定されている場合とは異なり，入会団体の場合は定型性がないから，訴訟追行権の授与についても，団体ごとに個別具体的に考えざるを得ない。したがって，授権が必要であって，当該団体の規約の定めに従い，土地所有権を処分するのに必要とされる手続による必要がある（最判平6.5.31）。
　　(2)　団体が被告となる場合
　　　授権がないことを理由として訴えの提起ができないとすると，常に団体が被告とされる訴訟を回避できることになってしまい，妥当でない。また，32条1項は，応訴する際には保佐人等の同意を要求しておらず，これを類推適用し得る。したがって，授権は不要である。

14.　構成員全員，代表者個人，又は社団において登記名義人と定められた構成員のいずれかを名義人にするべきである（最判昭47.6.2，最判平6.5.31）。社団名義の登記は認められない（最判昭47.6.2）。

15.　①任意的訴訟担当として，代表者等が原告となって自らの個人名義への移転登記手続を求める訴えを提起する（最判昭47.6.2，最判平6.5.31）。
　　②社団が原告となり，代表者個人名義への移転登記手続を求める訴訟を提起することができる（権利能力のない社団の代表者名義への所有権移転登記手続請求訴訟について判示した最判平26.2.27）。なお，当該判決の射程は，社団において登記名義人と定められた構成員についても及ぶ。

□ ／
□ ／　　16.　**B**　当事者能力欠缺の効果について，本案判決前後に分け
□ ／　　　　　　　て説明しなさい。

□ ／
□ ／　　17.　**A**　訴訟能力の意義及び判断基準について説明しなさい。
□ ／

□ ／
□ ／　　18.　**B**　訴訟能力を欠く場合，どのように処理すべきかについ
□ ／　　　　　　　て，本案判決の前後に分けて説明しなさい。

□ ／
□ ／　　19.　**B**　訴訟無能力者の控訴の有効性について説明しなさい。
□ ／

□ ／
□ ／　　20.　**B**　訴訟無能力者が控訴した場合，控訴審裁判所はどのよ
□ ／　　　　　　　うに処理すべきであるかについて説明しなさい。

□ ／
□ ／　　21.　**B**　弁護士代理の原則（54）の趣旨について説明しなさい。
□ ／

16. (1) 本案判決前
    当事者能力は訴訟要件であるため，訴え却下判決がなされる。
  (2) 本案判決後
    確定前は，上訴によって取り消すべきであるが（312Ⅲ，318Ⅰ），確定後は，再審事由にはならないので取り消し得ないし，判決は当然無効にならない（多数説）。

17. (1) 意義
    訴訟当事者（又は補助参加人）が自ら単独で有効に訴訟行為をし，又は受けるために必要な能力。
  (2) 判断基準
    民法上の行為能力を基準とする（28，31）。したがって，行為能力者はすべて訴訟能力者である。

18. (1) 本案判決前
    訴訟行為は当然に無効であるから，追認（34Ⅱ）や補正（34Ⅰ）により訴訟要件の充足を図るべきである。
  (2) 本案判決後
    判決は当然無効とならない（通説）。当事者は上訴，再審によって争うことができる（312Ⅱ④，338Ⅰ③）。

19. 第一審判決が訴訟無能力者敗訴の本案判決だった場合，控訴を無効とすると，訴訟無能力が看過されたまま，第一審判決が確定してしまう。また，第一審判決が訴訟無能力を理由とする却下判決だった場合，訴訟能力の有無について争う機会を与えるべきである。したがって，有効である（通説）。

20. (1) 第一審が本案判決の場合，審級の利益の確保のため，第一審判決を取り消した上で，差し戻すべきである（308Ⅰ）。
  (2) 第一審が訴訟判決の場合，真実に訴訟能力を欠くときには，控訴を理由なしとして棄却すべきである（302）。

21. ①三百代言などの暗躍によって依頼者が被害を被ることを防止，②当事者本人の訴訟活動の拡大・当事者権保障の実質化

□ ／
□ ／　22.　**B**　　弁護士代理の原則（54）の違反の効果について説明し
□ ／　　　　　　なさい。

□ ／
□ ／　23.　**B**　　登記簿上の代表者たるYは実は真の代表者ではなかっ
□ ／　　　　　　たが，Xは登記簿上の代表者Yを訴えた。Xが勝訴判決
　　　　　　　　を得た場合，その効力が法人に及ぶか，について説明し
　　　　　　　　なさい。

□ ／
□ ／　24.　**B**　　訴訟委任に基づく訴訟代理人の意義及び地位について
□ ／　　　　　　説明しなさい。

□ ／
□ ／　25.　**B**　　訴訟委任に基づく訴訟代理人が訴訟上の和解をしよう
□ ／　　　　　　とする場合における代理権の範囲について説明しなさい。

22. 無効説＝弁護士であることの重要性を定めた法律の規定に反し無効である。ただ
し，無権代理人による行為と同視して本人による追認を認める見解もある。
有効説＝訴訟代理人の資格は，代理人としての弁論能力の意義を持つだけと解す
べきで，裁判所が弁護士でない者の訴訟関与を弁論能力を理由に排斥すること
はできるものの，弁護士でないものによる訴訟行為がされてしまった場合には
有効である。
折衷説＝基本的には，本人が知らなかった場合には本人の保護のため無効説によ
りつつ（ただし追認の余地を認める），本人が知っていた場合には，本人保護
の必要性がないから有効説のように考える。ただし，その例外として，本人が
無思慮，無知なため三百代言に食い物にされるなど弁護士以外の者に事件を委
任する合理性が認められない場合などには，無効（ただし，追認可）とする。
※判例がいずれの立場によるかは不明であるが，追認の余地を認めており（最
判昭43.6.21），一律に無効とするものでもない（最大判昭42.9.27）。

23. Ｙは無権代理人であるから，Ｙによる訴訟追行の結果は法人には及ばないのが原
則である。また，実体法上の表見法理規定は，取引安全に資すべき規定であるため，
手続的安定を重視すべき訴訟行為には適用すべきでないこと，法人が真正の代表者
によって裁判を受けるべき権利は侵害されるべきでないこと，商法24条，会社法
13条は，表見支配人に認められる権限を裁判外の権限に限定していることからす
れば，訴訟行為について表見法理規定（会908Ⅱ）の類推適用を認めるべきでない。
したがって，Ｙの訴訟行為の効果は法人に帰属しない（最判昭45.12.15）。

24. (1) 意義
　　特定の事件の訴訟追行のために当事者から包括的な代理権を授与された任意
代理人（54，55）。
　(2) 地位
　　訴訟代理権の範囲は，包括的なものとして法定され，その制限が禁じられて
いる（55Ⅲ本文）。すなわち，代理権の範囲は，特別授権事項（55Ⅱ）を除
けば，訴訟追行に必要な一切の訴訟行為の他，攻撃防御に必要な限り実体法上
の権利行使（ex. 相殺権の行使）も認められる（55Ⅰ）。

25. 無制限説＝弁護士としての職業倫理に対する信頼及び和解内容を裁判所も検討し
ていることから，当事者本人の利益が害されるおそれはない。したがって，訴
訟代理人は，訴訟物以外の一切の権利関係をも含めて和解する権限を有する。
（中間説）権利制限説＝訴訟代理人の和解権限は訴訟物に限定されるわけではな
いが，一定の制約を受ける。具体的には，実体法上の基準により訴訟代理人の
代理し得る権限の範囲に限界を画する（社会観念に照らして判断したり，当事
者の不利益等を総合考慮したりする）。
（中間説）目的制限説＝訴訟代理人の和解権限は訴訟物に限定されるわけではな
いが，一定の制約を受ける。具体的には，権限の行使が和解に必要かつ合理的
な範囲に限定される。

□ ＿/＿
□ ＿/＿　　26.　**B**　　55条2項各号の権限の制限の可否について説明しなさ
□ ＿/＿　　　　　　　　い。

□ ＿/＿
□ ＿/＿　　27.　**B**　　本人（当事者・法定代理人）の死亡，訴訟能力・法定
□ ＿/＿　　　　　　　　代理権の喪失によって，訴訟委任に基づく訴訟代理権が
　　　　　　　　　　　　消滅するか，また手続が中断するかについて説明しなさ
　　　　　　　　　　　　い。

26. 肯定説＝特別授権事項は各々独立であり，ある事項について授権しながら他の事項については全く授権しないことも自由であるから，それぞれの授権事項の代理権限の内容についても，訴訟代理人に部分的に授権することが可能である。
否定説＝訴訟代理人の代理権限の内容的制約を許すと，裁判所は逐一訴訟上の代理権限の有無を調べる必要があり，訴訟手続が煩雑になり，迅速かつ円滑な手続進行を害することになる。そこで，55条2項各号の権限の制限はできないと解する（判例（最判昭38.2.21）は，事実認定レベルの問題として処理しつつも，否定的であると解されている）。

27. 消滅しない（58）。したがって，本人訴訟（法定代理人）の場合（124Ⅰ）と異なり，手続は中断しない（124Ⅱ）。

2　訴えの提起

□　＿／＿＿＿　**1.**　**B**　訴えの意義について説明しなさい。
□　＿／＿＿＿
□　＿／＿＿＿

□　＿／＿＿＿　**2.**　**B**　訴えの種類及びその意義について説明しなさい。
□　＿／＿＿＿
□　＿／＿＿＿

□　＿／＿＿＿　**3.**　**B**　形式的形成訴訟の形成訴訟との類似点・相違点につい
□　＿／＿＿＿　　　　　　　て説明しなさい。
□　＿／＿＿＿

□　＿／＿＿＿　**4.**　**B**　形式的形成訴訟の具体例を挙げなさい。
□　＿／＿＿＿
□　＿／＿＿＿

2　訴えの提起

1.　　原告が裁判所に対して，被告との関係で請求を示して，その当否につき審理・判決を要求する要式の申立て。訴えの提起は，一定の事項を記載した訴状を裁判所に提出してする（133 I）。

2.　　①給付の訴え（原告が被告に対する特定の給付請求権（被告の給付義務）の存在を主張し，裁判所に対して，被告に対する給付判決を求める訴え），②確認の訴え（原告が被告に対する権利又は法律関係の存在あるいは不存在を主張し，被告に対してそれを確認する判決を裁判所に対して求める訴え），③形成の訴え（原告が被告に対する特定の法律関係の変動（発生・変更・消滅）のための要件（形成権ないし形成要件）の存在を主張して，裁判所に対してその変動を宣言する判決を求める訴え）。

3.　　判決の確定によってはじめて権利関係の変動が生じる点において形成訴訟と類似しているが，形成の基準となる実体法規が定められていない点で形成訴訟と異なる。

4.　　共有物分割の訴え，境界確定訴訟

☐ ／
☐ ／   5. **B**   境界確定の訴えの意義，法的性質，特徴，訴訟形態及
☐ ／   び当事者適格について説明しなさい。

☐ ／
☐ ／   6. **B**   境界確定の訴えにおいて，当事者が係争地の全部又は
☐ ／   一部を時効取得した場合における当事者適格について説
            明しなさい。

☐ ／
☐ ／   7. **B**   請求の特定が要求される趣旨及び請求の特定の程度に
☐ ／   ついて説明しなさい。

5.　(1)　意義
　　　隣接地相互の境界が争われる場合に判決による境界線の確定を求める訴え。
　(2)　法的性質
　　　土地境界確定訴訟における請求は権利の存否の主張という形をとるわけでは
　　ないから，その裁判は法の適用作用というよりは，裁量の幅の広い処分行為と
　　いえるし，境界は公法的性格を有する以上，請求を棄却することなく，何らか
　　の境界を定める必要がある。そこで，形式的形成訴訟であると解する（最判昭
　　43.2.22）。
　(3)　特徴
　　　①処分権主義（246），弁論主義の適用がない（原告は境界線を請求の趣旨
　　として掲げる必要はない（最判昭41.5.20），当事者が主張する境界と異なる
　　境界を認定することができる（大連判大12.6.2，最判昭38.10.15），裁判所
　　は当事者の合意に拘束されず，合意と異なる境界を定めることができる（最判
　　昭31.12.28，最判昭42.12.26）），②棄却判決は許されない，③証明責任の
　　問題は生じない，④不利益変更禁止の原則が働かない（最判昭38.10.15）
　(4)　訴訟形態
　　　土地の境界は土地の所有権と密接な関係を有するものであり，かつ，隣接す
　　る土地の所有者全員について合一に確定すべきものであるから，固有必要的共
　　同訴訟と解すべきである（最判昭46.12.9）。
　(5)　当事者適格
　　　相隣接する土地の各所有者は土地の境界について強い利害関係を有してお
　　り，適切な訴訟遂行を期待できるから，原則として相隣接する土地の各所有者
　　に認められる。

6.　　　一方当事者が境界の全部に接続する部分を時効取得したとしても，境界に争いの
　　ある隣接土地の所有者同士であるという関係に変わりはない。もっとも，一方当事
　　者が土地の全部を時効取得した場合には，もはや隣接土地の所有者同士であるとい
　　う関係は存在しない。したがって，①一方当事者が土地の一部を取得したにとどま
　　る場合には当事者適格が失われないが，②全部取得した場合には当事者適格が失わ
　　れる（最判平7.3.7，最判平7.7.18）。

7.　(1)　趣旨
　　　裁判所に対し審判対象を明示し，被告に対して防御対象を明示する必要があ
　　る。
　(2)　程度
　　　（旧訴訟物理論から）審判の主題となる権利関係を他の権利関係から識別さ
　　せるために必要な事柄を記載すれば足りる。

2
訴えの提起

☐ / ☐ / ☐ /	8.	**A**	訴訟物をどのように考えるべきかについて，旧訴訟物理論（実務）と新訴訟物理論（有力説）の立場を説明しなさい。

☐ / ☐ / ☐ /	9.	**A**	処分権主義の意義，根拠及び機能・趣旨について説明しなさい。

☐ / ☐ / ☐ /	10.	**B**	申立事項と判決事項との関係について説明しなさい。

☐ / ☐ / ☐ /	11.	**B**	246条違反の効果について説明しなさい。

☐ / ☐ / ☐ /	12.	**A**	一部認容判決の可否について説明しなさい。

☐ / ☐ / ☐ /	13.	**B**	一部認容の種類及びその具体例について説明しなさい。

☐ / ☐ / ☐ /	14.	**B**	現在給付の訴えに対して将来給付の判決をすることの可否について説明しなさい。

8. 旧訴訟物理論＝実体法上の請求権を識別基準とし，一個の実体法上の請求権ごとに一個の訴訟物を認める。
新訴訟物理論＝給付訴訟では，個々の実体法上の請求権を包括した上位概念としての一定の給付を求め得る地位（受給権）があるとの権利主張，形成訴訟では，形成判決を求め得る法的地位があるとの権利主張が訴訟物である。

9. (1) 意義
原告が審判を求め，かつ，その対象を特定・限定できる権能と，当事者がその意思に基づいて判決によらずに訴訟を終了させることができる権能を認める建前。
(2) 根拠
民事訴訟の対象である訴訟物たる私法上の権利・法律関係については，実体法上私的自治の原則のもと当事者の自由な処分に委ねられている以上，訴訟上も当事者の意思を尊重すべきである点。
(3) 機能・趣旨
①紛争処理方式の選択の自由，②争訟対象の自主形成機能，③手続保障（不意打ち防止）機能。

10. 裁判所は当事者が申し立てていない事項について，判決をすることができない（246）。

11. ①当然に無効とはならず，控訴や上告によって取り消され得るにとどまる。
②控訴審において，新たに申立てがあると瑕疵は治癒する。ただし，訴え変更の要件（143）が必要である。

12. 処分権主義の趣旨，根拠より，原告の合理的意思に反せず，被告への不意打ち防止の要請も充足されているのであれば，裁判所は一部認容判決を適法にできる。

13. ①量的一部認容（1000万円の支払請求がなされた場合に，400万円の支払を命じる判決），②質的一部認容（車の売買代金支払請求に対して同時履行の抗弁が提出された場合に，車の引渡しを受けるのと引換えに売買代金の支払請求を認容する判決（最判昭33.3.13））。

14. 肯定説＝原告の合理的意思に合致するので，135条の要件を満たす限り，できる。
否定説＝原告に債務名義を先取りさせ，被告に請求異議訴訟提起の負担を課すことになるため，原告の申立てを超えて有利な判決をすることになり，できない。
cf. 将来の給付の訴えに対して，現在給付判決をすることはできない（違法である）ことで争いなし。

□ __/__ **15.** **B**　建物収去土地明渡請求に対する建物退去（引渡）土地
□ __/__
□ __/__　明渡判決の可否について説明しなさい。

□ __/__ **16.** **B**　建物収去土地明渡請求に対して，建物買取請求権が行
□ __/__
□ __/__　使された場合，(1)どのような判決主文の表示が考えられ
るか，(2)そのうち，どれが最も優れているかについて説
明しなさい。

2
訴えの提起

15. (1) 建物収去土地明渡請求の根拠が所有権の場合，建物買取請求権の行使の結果
生ずる占有の形態の変更が，土地の返還の形態の変更（建物の収去から建物か
らの退去又は引渡しへの変化）をもたらすだけであって，建物収去土地明渡請
求権と建物退去（引渡し）土地明渡請求権との間には，所有権に基づく土地の
明渡請求権としての性質に変わるところがない（裁判実務は，訴訟物は所有権
に基づく返還請求権としての土地明渡請求権一個であり，判決主文に建物収去
が加えられるのは，土地明渡しの債務名義だけでは別個の不動産である地上建
物の収去執行ができないという執行法上の制約から，執行方法を明示するため
であるにすぎず，建物収去は，土地明渡しの手段ないし履行態様であって，土
地明渡しと別個の実体法上の請求権の発現ではないとする旧一個説に立つ）（最
判昭33.6.6，最判昭36.2.28）。したがって，建物収去土地明渡請求に対して
建物退去（引渡）土地明渡判決ができると解する。
(2) 建物収去土地明渡請求の根拠が賃貸借契約終了の場合，建物の退去（引渡し）
は，賃貸借契約の終了に基づく原状回復請求権の内容に含まれるから，賃貸借
契約終了に基づく建物収去土地明渡請求の訴訟物は，建物買取請求権が行使さ
れた場合に建物の引渡しを求める申立てを包含する趣旨である。したがって，
建物収去土地明渡請求に対して建物退去（引渡）土地明渡判決ができると解す
る。

16. (1)について
①説：「被告は原告から○○万円の支払を受けるのと引換えに，本件建物及び
本件土地を明け渡せ」
②説：「被告は原告から○○万円の支払を受けるのと引換えに，本件建物を退
去して（引き渡して），本件土地を明け渡せ」
③説：「被告は原告から○○万円の支払を受けるのと引換えに，本件建物を明
け渡せ」
(2)について
①説③説は「本件建物を収去して」という部分が執行方法の明示である（＝
訴訟物ではない）という一個説と整合しないのではないかという疑問がある。
また，②説によった場合には，「退去して」では，建物についての占有を取り
上げるだけで，取り上げた占有を原告に引き渡す部分が欠けることになり，原
告が建物の占有を取得できず，ひいては土地の明渡しを完全にはできないこと
になるから，「引き渡して」の方が優れている。

| | | 17. | B | 建物収去土地明渡請求における建物占有と土地占有の関係について説明しなさい。 |

| | | 18. | B | 原告が建物明渡請求をしたのに対して，裁判所が原告の申し立てた額よりも高い立退料の支払を条件に建物明渡請求を認容する判決をすることができるか，について説明しなさい。 |

| | | 19. | B | 原告が無条件の明渡しのみを求めている場合に，立退料との引換給付判決を下すことができるかについて説明しなさい。 |

| | | 20. | B | 原告が500万円の立退料の支払と引換えにのみ，建物の明渡しを求めている場合に，300万円の立退料との引換給付判決を下すことができるかについて説明しなさい。 |

| | | 21. | B | 上記の事例において，原告が当初，無条件での明渡しを求めており，その後，予備的に500万円の立退料の申出をするに至っていた場合は246条に反するかについて説明しなさい。 |

| | | 22. | A | 債務不存在確認の訴えにおける訴訟物の特定の肯否について説明しなさい。 |

| | | 23. | B | 債務不存在確認訴訟において裁判所は一部認容判決をすることができるか，について説明しなさい。 |

17.　a説（通説）＝他人の土地上の他人の建物を占有している者は，建物を占有することを通じて土地も占有している。
　　　b説＝土地を占有しているのは，建物であり，建物占有者の占有は，建物所有者の土地占有に包含されていて，それとは独立に土地を占有するものではない。
　　　c説＝建物を占有することを通じて土地を占有しているという理解（a説）を原則として否定しつつ，建物所有者が建物の収去義務を負っている場合には，建物の占有は，建物の収去を妨げ，それによって，土地所有者の土地の占有の回復を直接妨害するから，その場合に限って，土地を占有していると解する。

18.　　原告の合理的意思としては立退料を増額してもなお，建物の明渡しを求めるのが通常である。また，解約申入れを理由とする建物の明渡請求訴訟においては正当事由の存否が重要な争点であって，立退料は正当事由の補完材料であるから，被告も十分争う機会がある。そこで，原告の申立てよりも高額の立退料の支払を条件とする引換給付判決をすることができると解する。ただし，格段の相違がない範囲にあることが必要である（最判昭46.11.25）。

19.　　一般的には原告の合理的な意思に反せず246条に反しないが，原告が一切立退料の支払を拒んでいる場合には，246条に反する。

20.　　原告の申立てよりも有利な判決をなすことになるから，246条に反する。

21.　　原告の合理的意思は，無条件明渡しから立退料500万円までは支払ってもよいというものであるとみることができる。また，原告が主位的には無条件の明渡しを求めていることから，被告にとって300万円の立退料との引換給付判決は必ずしも不意打ちとなるわけではない。したがって，246条に反しない。

22.　　請求の特定が要求された趣旨は①裁判所に対する審判対象の明示，②被告に対する防御対象の明示にある。
　　　債務不存在確認の場合，請求の趣旨・原因や一件記録を斟酌することで①裁判所は審判対象を把握できるし，②被告である債権者も防御対象を把握できる。そこで，かかる場合には訴訟物が特定されたといえると解する（最判昭40.9.17）。

23.　　原告の合理的意思としては残債務額についての争いも解決することを望むはずである。また，訴訟において残債務額も審理対象となっているので被告への不意打ちにもならない。そこで，一部認容判決ができる，と解する（最判昭40.9.17）。

☐ ／ ☐ ／ ☐ ／	**24.**	**B**	前訴たる債務不存在確認訴訟において原告が自認した部分について後訴で争うことができるか，について説明しなさい。
☐ ／ ☐ ／ ☐ ／	**25.**	**B**	一部請求の意義について説明しなさい。
☐ ／ ☐ ／ ☐ ／	**26.**	**A**	一部請求後の残部請求の可否について説明しなさい。
☐ ／ ☐ ／ ☐ ／	**27.**	**A**	100万円の債権のうち，60万円を求める請求をしたところ，50万円の一部認容判決が下された場合，残額40万円の支払を求めることができるかついて説明しなさい。
☐ ／ ☐ ／ ☐ ／	**28.**	**A**	甲が乙に「乙の不法行為により被った全損害額2000万円のうち1000万円の賠償を求める」旨の訴えを提起した。裁判所は甲の主張どおり，全損害額が2000万円であることを認定したが，甲にも過失があったので乙の主張どおり，3割の過失割合で過失相殺すべきとの心証を抱いた。裁判所はいかなる判決をすべきかについて説明しなさい。

24. 自認部分は前訴の審判対象になっていないので既判力を及ぼすことはできないが，後訴を無限定に認めることは被告にとって酷であるし訴訟経済に反する。そこで，前訴での自認部分につき後訴で争うことは信義則上許されない。

25. 数量的に可分な債権の一部を他の残部から切り離し，その一部を独立の訴訟物として主張すること。

26. 訴訟外においては権利の一部行使が可能とされているし，試験訴訟の必要性がある。他方で，被告の応訴の煩・濫用的起訴の危険性がある。そこで，一部であることを明示した場合には，一部請求後の残部請求を認めるべきである（最判昭37.8.10）。

27. （明示説から）前訴で明示があれば，訴訟物の分断を認めるから，前訴の訴訟物60万円の範囲で既判力が及ぶのが原則である（40万円の部分には既判力が及ばない）。しかし，一部請求が棄却され，又は一部認容判決が出た場合に残部は存在しないと考えるのが自然であるし，当然債権全体について弁論を尽くし審理も債権全体について行われたはずであるから，実質的には前訴で認められなかった請求及び主張を蒸し返すものである。また，被告にも応訴の煩を強いることになる。そこで，特段の事情のない限り，信義則に反して許されない（最判平10.6.12）。
    cf. 「特段の事情」としては，債権全体について弁論を尽くされなかった場合，審理が尽くされなかった場合等が考えられる。

28. 原告の通常の意思は，請求額全額をとにかく認めてもらいたいというものであるから，請求以外の部分からまず減額するのがその意思に沿う。また，過失相殺の抗弁を想定して，一部請求を行っている可能性もある。さらに，内側説，按分説による場合には，一部請求訴訟において請求棄却判決（一部棄却判決も含む）を受けても，原告による残部請求の訴えを止めることができない（被告が（過失）相殺の抗弁を提出した場合には，原告にそれに応じて請求を拡張することを余儀なくさせるし，請求の拡張をしないまま被告の抗弁が認められて請求が棄却された場合には，原告が残額を請求することもあり得，全体としてみれば，紛争解決にもとる）。そこで，全損害額を過失相殺の基礎とし，全損害額から過失割合により減額した残額が請求額を超えないときは残額を認容し，請求額を超えるときは請求額全額を認容するべきである（＝外側説，最判昭48.4.5，相殺について最判平6.11.22）。本件において，全損害額たる2000万円を基礎として3割の過失相殺をすると1400万円となるので，請求額たる1000万円を超えない。したがって，裁判所は甲の一部請求を全部認容する判決をすべきである。

□ / □ / □ /	29.	B　　一部請求と相殺の抗弁の関係について，いわゆる外側説による場合の既判力の生じ方について説明しなさい。

□ / □ / □ /	30.	B　　一部請求訴訟の係属中に，残部を別訴において相殺の抗弁に供することができるか，について説明しなさい。

□ / □ / □ /	31.	A　　一部請求において要求される明示の程度について説明しなさい。

□ / □ / □ /	32.	B　　不法行為に基づく損害賠償請求権（人損）について，財産的損害と精神的損害を一つの訴訟物とみるべきか，二つの訴訟物とみるべきかについて説明しなさい。

□ / □ / □ /	33.	A　　後発損害の賠償請求の可否について説明しなさい。

□ / □ / □ /	34.	B　　不法占拠者に対する土地の明渡しまでの賃料相当損害金請求の認容判決が確定した。その後，賃料相当損害金が上昇した場合，原告が追加的に損害賠償請求することは許されるか，について説明しなさい。

29. 存在すると認められた自働債権のうち，一部請求の訴訟物たる請求債権との相殺が認められた部分における自働債権の不存在につき，既判力が生じる。

30. 二重起訴の禁止の趣旨（審理の重複，応訴を強いられる被告や裁判所の負担及び事実上の判断の抵触）が妥当するが，一部請求肯定説からは，残部を相殺の抗弁に供することはできるし，相殺の簡易決済機能・担保的機能は，できる限り保護すべきである。そこで，債権の分割行使をすることが権利の濫用に当たるなど特段の事情の存しない限り，許される（最判平10.6.30）。

31. 前訴による紛争解決についての被告の信頼の有無，原告が前訴において請求することの期待可能性の有無という当事者双方の状況等を実質的に考慮することで，具体的な事案に応じて柔軟に考える（最判昭42.7.18，最判平20.7.10参照）。

32. 原因事実及び被侵害利益が共通していれば，一つの人損という枠内で一つの実体法上の請求権が発生する。また，訴訟物を一つと考えれば，費目の流用が可能である。したがって，財産的損害，精神的損害を含め一つの訴訟物とみるべきである（最判昭48.4.5）。

33. 前訴において明示がない以上，損害賠償請求権全体が訴訟物であり，既判力が及んでいるので，原則として許されない。もっとも，被害者保護の必要性から，前訴において残部請求をすることが期待できず，当事者もその点を審判ないし既判力による確定の対象としていなかったことが明らかであるような場合には，明示があったものと同視してよい（最判昭42.7.18）。

34. 前訴における相当賃料額の主張は，認容額が適正賃料額に比較して不相当となるに至った場合に生ずべきその差額に相当する損害金につき，主張立証することが不可能であるから，これを請求から除外する趣旨のものであると解するのが当事者間の合理的意思に合致する。また，借地借家法は賃料増額請求を認めている（同法11 I，32 I）。そこで，不法占拠者に対する土地の明渡しまでの賃料相当損害金請求が確定した後，事実審口頭弁論の終結後に公租公課の増大，土地の価格の昂騰により，又は比隣の土地の地代に比較して，同判決の認容額が不相当となった場合に，一部請求理論によって，追加的に損害賠償請求することは，前訴の既判力との関係で許される（最判昭61.7.17）。

		35.	B	事後的な事情の変動によって，賠償額が減少した場合，減少前の損害賠償の執行は認められるか（請求異議の訴えは認められるか），について説明しなさい。

		36.	B	訴訟要件の調査はどの時点で開始すべきか，について説明しなさい。

		37.	B	訴訟要件の調査の判断資料の収集方法について説明しなさい。

		38.	A	訴訟要件の存否が不明な段階で請求棄却の結論に達した場合，本案判決をすることができるかについて説明しなさい。

		39.	A	訴訟要件具備の時期について説明しなさい。

35. 前訴判決の既判力によって損害額はすでに確定されているといえるため，口頭弁論終結後に不法行為と相当因果関係のない原因によって，判決が認定した時期と異なった時期に不法行為の被害者が死亡したことを異議事由として請求異議の訴えを提起することは，前訴既判力を覆すものであるため，権利の濫用に当たると認定されるような特段の事情がない限り，認められる（請求異議の訴えであれば，認められない。最判昭37.5.24参照）。

36. 訴訟要件の多くは公益的要請に基づくものであるから，職権調査事項として，裁判所は当事者の主張がなくとも職権で訴訟要件の存否を確かめなければならない。しかし，私的な利益に関する訴訟要件（仲裁合意，不起訴の合意，原告の訴訟費用の担保の提供（75）等）については，被告からの申立て（抗弁）を待って，初めてその存在の調査が開始されるものもある。

37. 訴訟要件の多くは職権探知事項なので，当事者の提出した資料以外に裁判所が職権で資料を収集できる。しかし，抗弁事項のほか，職権調査事項のうち一部（任意管轄，訴えの利益，当事者適格等）は，性質上本案の審理と密接に関連するので，弁論主義が適用される。

38. 訴訟要件とは本案判決をするための要件である以上，原則として請求棄却判決はできない（通説）。もっとも，本案に理由のないことが明白なのにさらに訴訟要件の調査に時間を費やすのは訴訟経済に反すること，被告にとってはいずれにせよ勝訴判決であり，しかも既判力の内容面からしても棄却判決の方が有利であること，被告の利益保護を目的とする訴訟要件は，被告が棄却判決を受けられるのに，それ以上審理を引き延ばしても妥当でないこと，無駄な審理の回避を目的とする訴訟要件については，結局無駄になってしまう訴訟要件の審理を続けるのは背理であることから，①被告の利益保護を目的とする訴訟要件（仲裁契約，不起訴合意，任意管轄等）や，②無駄な審理の回避を目的とする訴訟要件（当事者能力，当事者適格，訴えの利益等）については，存否不明であっても，請求を棄却できる（有力説）。

39. 訴訟要件は本案判決の要件であるから，原則として，事実審の口頭弁論終結時までに訴訟要件を具備すべきである。しかし，管轄権の存否については例外的に起訴の時点までに訴訟要件を具備すべきである（15）。

□ ／ □ ／ □ ／	**40.**	**B**	訴訟要件の欠缺が判明した場合，裁判所はどのように処理すべきかについて，本案判決の前後に分けて説明しなさい。

□ ／ □ ／ □ ／	**41.**	**B**	訴えの利益の意義について説明しなさい。

□ ／ □ ／ □ ／	**42.**	**B**	特定の法律関係について，仲裁契約や不起訴の合意が存在する場合，裁判所はどのように処理すべきかについて説明しなさい。

□ ／ □ ／ □ ／	**43.**	**B**	現在給付の訴えと将来給付の訴えの意義について説明しなさい。

□ ／ □ ／ □ ／	**44.**	**A**	将来給付の訴えの利益が認められるための要件について説明しなさい。

□ ／ □ ／ □ ／	**45.**	**B**	継続的不法行為に基づく将来の損害賠償請求権の請求適格が認められるための要件について説明しなさい。

□ ／ □ ／ □ ／	**46.**	**B**	不動産の不法占拠者に対し明渡しを求めるとともに，明渡義務の履行完了に至るまでの賃料相当額の損害金の支払をあらかじめ請求することに請求適格は認められるかについて説明しなさい。

40. （1）本案判決前
　　原則として，補正が可能であれば補正を命じ，補正がなければ，訴え却下の終局判決をすべきである。もっとも，管轄違いの場合には移送すべきである（16）。また，当初から明らかに補正の見込みがない場合には，口頭弁論を経ずに訴え却下の判決をすることができる（140）。
（2）本案判決後
　　上訴により争うことができる。しかし，判決が確定すると，再審事由（338Ⅰ）に該当する場合以外は争えなくなる。

41.　本案判決がなされるべき必要性，本案判決による紛争処理の実効性。

42.　被告がこれらの合意の存在を主張・立証すれば，裁判所は訴えを却下する（多数説）。

43.　現在給付の訴えとは，事実審の口頭弁論終結時にすでに履行期が到来した給付義務を主張する場合をいう。将来給付の訴えとは，将来において履行期が到来する給付義務を主張する場合をいう。

44.　①前提として，将来給付を求める基礎となる資格（請求適格）が必要である。また，②「あらかじめその請求をする必要がある」こと（事前請求の必要性）も必要である。

45.　(a)その基礎となるべき事実関係及び法律関係が既に存在し，その継続が予測されるとともに，(b)右債権の発生・消滅及びその内容につき債務者に有利な将来における事情の変動が予め明確に予測し得る事由に限られ，(c)しかもこれについて請求異議の訴え（民執35Ⅰ）によりその発生を証明してのみ強制執行を阻止し得るという負担を債務者に課しても，当事者間の衡平を害することがないことが必要である。

46.　(a)当然充足，(b)「債務者に有利な将来における事情の変動」は，債務者による不法占拠の中止，債務者の占有権原の取得，債権者の所有権の喪失，賠償額の算定の基礎となる地代相当額の減少という予め明確に予測可能な事由にほぼ限られる，(c)（これ以外にもあり得るとしてもそれも含めて）これらの事由の存否の証明のために債務者に請求異議の訴えを提起させても当事者間の衡平を害することはない。したがって，請求適格は認められる。

| | | 47. | B | 航空機の夜間離着陸による騒音公害を原因とする将来の損害の賠償請求に請求適格は認められるかについて説明しなさい。 |

| | | 48. | A | 事前請求の必要性の判断基準について説明しなさい。 |

| | | 49. | A | 確認の利益の判断要素①「確認対象の適切性」が認められるための要件，②「方法選択（訴訟形式）の適切性」の判断方法，及び③「即時確定の利益（紛争の成熟性)」の意義について説明しなさい。 |

| | | 50. | A | 遺産確認の訴えの確認対象の適切性及び方法選択の適切性について説明しなさい。 |

| | | 51. | B | 遺産確認の訴えの訴訟形態について説明しなさい。 |

47. 　⒜充足する場合がある，⒝現在と同様に不法行為を構成するか否か及び賠償すべき損害の範囲いかん等が流動性をもつ今後の複雑な事実関係の展開とそれらに対する法的評価に左右されるなど，損害賠償請求権の成否及びその額を予め明確に認定することができない。したがって，請求適格は認められない（最大判昭56.12.16，最判平19.5.29，最判平28.12.8）。

48. 　義務者の態度や，当該給付義務の目的・性質等につき，履行期到来で直ちに執行できる債権者の利益と，判決の基準時後の給付義務の消滅等を請求異議の訴えで争わねばならなくなる債務者の不利益とを考慮して個別具体的に判断する。

49. 　①原則として，現に争われている，⒜自己の（原告被告間の），⒝現在の，⒞権利・法律関係の，⒟積極的確認請求であること。
　　②原則として，給付の訴えあるいは形成の訴えの方が適切な場合には，確認の訴えは許されない。
　　③原告の権利や法的地位に危険や不安が現存し，確認判決によりそれを解消することについて原告が現実的利益を有すること。

50. 　確認対象の適切性＝遺産確認の訴えの対象は，当該財産が現に共同相続人による遺産分割前の共有関係にあることという現在の法律関係を対象とするものであり，現在の法律関係の確認を求めるものであるから，確認対象として適切である（最判昭61.3.13）。
　　方法選択の適切性＝共有持分確認の訴えでは原告勝訴の確定判決の既判力は原告が当該財産について共有持分を有することにのみ及び，その取得原因が相続であることには及ばない（114Ⅰ）。それゆえ，当該財産が遺産分割の対象たる財産であることに既判力が発生する点で遺産確認の訴えの方が紛争の抜本的解決に資するため，確認訴訟によることにつき有効・適切性が認められるから，方法選択として適切である（最判昭61.3.13）。

51. 　実体法的観点からすれば，遺産は共同相続人の共有物であって，共有物全体に関する訴訟であるから，管理処分権は共同相続人全員に帰属する。また，手続法的観点からしても，遺産分割の審判は共同相続人全員が関与して行われなければならず，一部の者を除外して行われた審判は無効であるところ，遺産分割の前提として特定財産の遺産帰属性についてあらかじめ確定しておくのであれば，共同相続人全員の間で合一に確定しておくことが望ましい。したがって，遺産確認の訴えは固有必要的共同訴訟である（最判平元.3.28）。

52. **B** 　遺産確認の訴えの係属中，共同相続人の1人が自己の相続分の全部を譲渡した場合の当事者適格について説明しなさい。

53. **B** 　遺言者の死亡後に提起する遺言無効確認の訴えの利益について説明しなさい。

54. **A** 　遺言者が生存中に受遺者に対して提起する遺言無効確認の訴えの利益について説明しなさい。

55. **B** 　上記の訴えについて，遺言者がアルツハイマー病にかかり，遺言の撤回又は変更の余地が実際上ないと認められる場合の訴えの利益について説明しなさい。

56. **A** 　建物賃貸借契約期間中の敷金返還請求権存在確認請求の確認対象の適切性及び即時確定の利益について説明しなさい。

57. **A** 　当事者適格の意義及び判断基準について説明しなさい。

52. 　共同相続人のうち自己の相続分を全部譲渡した者は，遺産全体に対する割合的な持分を全て失うことになり，遺産分割審判の手続等において遺産に属する財産についてその分割を求めることができない。そうだとすれば，この者との間で，遺産分割に前提問題である当該財産の遺産帰属性を確定すべき必要性はない。したがって，当事者適格は失われる（最判平26.2.14）。

53. 　当事者間の紛争の直接的な対象である基本的法律行為たる遺言の無効の当否を判示することによって，確認訴訟のもつ紛争解決機能が果たされるから，訴えの利益は認められる（最判昭47.2.15，ただし，過去の法律関係とみているのか現在の法律関係とみているのかは不明）。

54. 　遺言は遺言者の死亡により初めてその効力が生じ（民985Ⅰ），遺言者はいつでも既にした遺言を撤回することができる（同法1022）から，受遺者とされた者は将来遺言が効力を生じたときに遺贈の目的物を取得できるという事実上の期待を有する地位にあるに過ぎない。それゆえ，遺言者生存中の遺言無効確認の訴えは，将来の法律関係を確認対象とする点で，対象選択の適切性を欠き，不適法である。（最判昭31.10.4）

55. 　受遺者が有する事実上の期待の程度は高まるが，それ以上のものではないから，訴えの利益は認められない（最判平11.6.11）。

56. 　確認対象の適切性＝敷金返還請求権は，一種の停止条件付権利であり，条件付権利については現在の権利ないし法律関係ということができるから，確認対象は適切である（最判平11.1.21）。
　　即時確定の利益＝賃貸人が敷金交付の事実を争って敷金返還義務を負わないと主張しているような場合，権利の存否を確定すれば，法律上の地位に現に生じている不安ないし危険は除去される（後訴が提起されないかもしれないし，後訴が提起されたとしても，敷金交付の事実は前提として審理判断すれば足りる）ので，即時確定の利益は存在する（最判平11.1.21）。

57. (1) 意義
　　　当該訴訟物につき，自ら当事者（原告・被告）として訴訟を追行し，本案判決を求め得る資格。
(2) 判断基準
　　　給付の訴えにおいては，①訴訟物たる権利関係についての実体的利益の帰属主体であると自ら主張した者（最判平23.2.15）又は②このように原告から主張された者（最判昭61.7.10）に当事者適格が認められる。実際には，以上のような実体法的な観点に加え，紛争の解決に有効かつ適切かという訴訟法的な観点も加味して判断されている（最大判昭45.11.11，最判平6.5.31参照）。

| | | 58. | B | ⑴遺贈の目的不動産につき相続人により相続登記が経由されており，その抹消を求める場合，⑵受遺者が遺贈義務の履行を求めて訴えを提起する場合，⑶相続人が，遺言の無効を主張し，相続財産について自己が持分権を有することの確認を求める訴えを提起する場合，⑷遺贈の目的不動産につき遺言の執行として，既に受遺者宛に遺贈による所有権移転登記あるいは所有権移転仮登記がされているときに，相続人がかかる登記の抹消登記手続を求める場合のそれぞれについて，遺言執行者に当事者適格（原告適格・被告適格）はあるかについて説明しなさい。 |

| | | 59. | B | 任意的訴訟担当の意義について説明しなさい。 |

| | | 60. | B | 明文の任意的訴訟担当である選定当事者（30）における「共同の利益」について説明しなさい。 |

| | | 61. | A | 明文なき任意的訴訟担当の可否について説明しなさい。 |

| | | 62. | B | 紛争管理権について説明しなさい。 |

58.　(1)(2)(3)遺言執行者がある場合に，相続人は相続財産についての処分権を失い，かかる処分権は遺言執行者に帰属する（民1012 I，1013）。それゆえ，遺言執行者が法定訴訟担当者として当事者適格を有する（(1)について最判昭51.7.19，(2)について最判昭43.5.31，(3)について最判昭31.9.18）。

　　(4)既に遺言の執行は終わっており，その権利関係は受遺者に帰属しているのであって遺言執行者にその処分権はなく，当該不動産については，その登記の保持自体は遺言執行者の職務の範囲外であると解さざるを得ない。また，そのように解さなければ，遺言執行者の遺言執行の任務が終結しないこととなり，妥当ではない。仮に遺言執行者が当事者適格をもち続けることとなれば，遺言執行者がいつまでも相続紛争から解放されないことになって不都合である。それゆえ，遺言執行者に当事者適格はなく，受遺者に被告適格がある（最判昭51.7.19）。

59.　本来の当事者適格者が，その意思で訴訟追行権を付与するもの。

60.　多数の者が共同訴訟人となり得る関係にあり，かつ，主要な攻撃防御方法を共通にする場合（大判昭15.4.9）

61.　任意的訴訟担当とは，本来の当事者適格者がその意思で訴訟追行権を付与するものであるから，本来の権利主体からの訴訟追行権の授与があることが前提として必要となる。

　　また，弁護士代理の原則（54）及び訴訟信託の禁止（信託10）は，三百代言の跳梁による訴訟の混乱及び依頼者が害されるのを防止しようとしたものであるから，かかる制限を回避，潜脱するおそれがない場合で，必要性が認められれば明文なき任意的訴訟担当を認めてもかまわない。したがって，①弁護士代理の原則の趣旨，訴訟信託の禁止の制限を回避・潜脱するおそれがなく，かつ，②これを認める合理的必要がある場合には，明文なき任意的訴訟担当も認められる（最大判昭45.11.11）。

62.　訴訟提起前の紛争過程で相手方と交渉を行い紛争原因の除去につき持続的に重要な役割を果たした私人や団体が，訴訟物たる権利関係についての法的利益や管理処分権を持たなくとも，紛争過程での行動・役割によって紛争管理権を取得し当事者適格を有するに至るとする立場。消費者訴訟や環境訴訟で持ち出されるが，判例は否定している（最判昭60.10.20）。

□ ＿／＿ 63. **A**　二重起訴の禁止（142）の要件及び趣旨について説明し
□ ＿／＿　　　　　　なさい。
□ ＿／＿

□ ＿／＿ 64. **B**　甲が売買代金債権に基づく給付請求訴訟中，被告乙が
□ ＿／＿　　　　　　貸金債権をもって相殺する旨の抗弁を提出した。その後，
□ ＿／＿　　　　　　乙が同一貸金債権の給付請求を別訴で行った場合，乙の
　　　　　　　　　　別訴は認められるかについて説明しなさい。

□ ＿／＿ 65. **B**　乙が貸金債権に基づく給付請求訴訟を提起したところ，
□ ＿／＿　　　　　　かかる訴訟の係属中に甲が別訴で売買代金債権に基づく
□ ＿／＿　　　　　　給付請求を提起した。これに対し乙が同一の貸金債権に
　　　　　　　　　　よる相殺の抗弁を主張することは許されるかについて説
　　　　　　　　　　明しなさい。

□ ＿／＿ 66. **B**　本訴請求に対し反訴を提起し，反訴債権を本訴におけ
□ ＿／＿　　　　　　る相殺の抗弁に供することができるか，について説明し
□ ＿／＿　　　　　　なさい。

□ ＿／＿ 67. **B**　本訴請求に対し反訴が提起され，本訴原告が反訴の中
□ ＿／＿　　　　　　で本訴訴求債権を相殺の抗弁に供することはできるか，
□ ＿／＿　　　　　　について説明しなさい。

63. (1) 要件
　　①既に訴訟係属していること（「係属する事件」）
　　②事件が同一であること（「事件について…更に…」）＝当事者の同一性及び事件対象（審判対象）の同一性＝※当事者の同一性については，当事者が別であってもこの要件を満たす場合がある（債権者代位訴訟の場合など）。事件対象（審判対象）の同一性については，訴訟物たる実体法上の権利又は法律関係が同一ないし関連することで足りる。
　　(2) 趣旨
　　①裁判所の二重審理による訴訟不経済の防止，②裁判（判決効）の矛盾・抵触の防止，③被告の二重応訴の煩の回避にある。

64. 　相殺の抗弁は「訴えの提起」（142）ではないので同条の直接適用はできない。しかし，判決の矛盾抵触のおそれ（114），審理の重複回避の必要があるので，142条の趣旨が妥当する。また被告たる乙としては反訴の提起が可能である。そこで，同条の類推適用により，乙の別訴提起は認められない（東京高判平8.4.8等）。

65. 　相殺の抗弁は「訴えの提起」（142）ではないので同条の直接適用はできない。しかし，判決の矛盾抵触のおそれ（114），審理の重複回避の必要があるので，同条の趣旨が妥当する。そこで，同条の類推適用により，乙の相殺の抗弁の提出は認められない（最判平3.12.17）。なお，同最判は，後に分離される可能性がある以上，弁論を併合しても，不適法却下を免れないとする。

66. 　この場合に相殺の抗弁を許容すれば，既判力の矛盾抵触・審理の重複のおそれがあるが，反訴原告の反対の意思表示がない限り，反訴請求を本訴において相殺の抗弁について既判力ある判断が示された場合には反訴請求しない趣旨の予備的反訴に変更されるものと解することによって，既判力の矛盾抵触・審理の重複のおそれを回避することができる。それゆえ，142条の類推適用は認められず，反訴債権を自働債権とした相殺の抗弁の提出は認められる（最判平18.4.14）。

67. 　そもそも停止条件付き取下げ（ないし解除条件付き訴えの提起）自体が法的安定性の観点から認められない。それゆえ，142条の類推適用により，本訴原告による相殺の抗弁の提出は認められない（下級審判例，大阪地判平18.7.7）。近時の判例には，事例判断ながら相殺の抗弁の提出を認めるものがあらわれている。

　　最判平27.12.14＝本訴において訴訟物となっている債権の全部又は一部が時効により消滅したと判断されることを条件として，反訴において，当該債権のうち時効により消滅した部分を自働債権として相殺の抗弁を主張することは許されると判断した。
　　最判令2.9.11＝請負代金債権と瑕疵修補に代わる損害賠償債権の一方を本訴請求債権とし，他方を反訴請求債権とする本訴及び反訴が係属中に，上記本訴請求債権を自働債権とし，上記反訴請求債権を受働債権とする相殺の抗弁を主張することは許されると判断した。

□ ／
□ ／　**68.** Ｂ 　上記の事例において，本訴において訴訟物となってい
□ ／　　　る債権の全部又は一部が時効により消滅したと判断され
　　　　　ることを条件として，反訴において，当該債権のうち時
　　　　　効により消滅した部分を自働債権として相殺の抗弁を主
　　　　　張することが許されるかについて説明しなさい。

□ ／
□ ／　**69.** Ａ 　債権者代位訴訟において，債務者が第三債務者に対し
□ ／　　　て被代位債権に基づく請求をすることは，二重起訴の禁
　　　　　止に抵触し不適法でないかについて説明しなさい。

□ ／
□ ／　**70.** Ｂ 　債権者代位訴訟において，債務者が第三債務者に対し
□ ／　　　て被代位債権に基づく請求をすることは，当事者適格を
　　　　　欠き不適法でないかについて説明しなさい。

□ ／
□ ／　**71.** Ｂ 　債権者代位訴訟において，債務者が，第三債務者に対
□ ／　　　しては被代位債権に基づく請求を，債権者に対しては被
　　　　　保全債権の不存在確認請求をした上で，独立当事者参加
　　　　　した場合，債務者の第三債務者への請求は二重起訴の禁
　　　　　止に抵触し不適法かについて説明しなさい。

□ ／
□ ／　**72.** Ｂ 　債務者が債権者に対して手形債務不存在確認の訴えを
□ ／　　　提起したところ，債権者が債務者に対し手形訴訟を提起
　　　　　することは二重起訴禁止に抵触し不適法かについて説明
　　　　　しなさい。

68. 本訴において訴訟物となっている債権の全部又は一部が時効により消滅したと判断される場合には，その判断を前提に，同時に審判される反訴において，当該債権のうち時効により消滅した部分を自働債権とする相殺の抗弁につき判断をしても，当該債権の存否に係る本訴における判断と矛盾抵触することはなく，審理が重複することもない。また，民法508条が，時効により消滅した債権であっても，一定の場合にはこれを自働債権として相殺をすることができるとして，公平の見地から当事者の相殺に対する期待を保護することとした趣旨にもかなう。したがって，許される（最判平27.12.14）。

69. 債権者代位訴訟の訴訟物は債務者が第三債務者に対して有する債権であるから，審判対象の同一性は認められる。また，当事者は形式的には同一ではないが，債権者・第三債務者間の訴訟の既判力は債務者に及ぶから（115 I ②），債務者の別訴提起を許すと判決の矛盾抵触が生じるし，債務者は共同訴訟的補助参加，独立当事者参加（47）によって訴訟に参加することができるから手続保障に欠けるところもない。したがって，二重起訴の禁止に抵触し不適法である（最判昭48.4.24参照）。改正民法のもとでは，「債権者が被代位権利を行使した場合であっても，債務者は，被代位権利について，自ら取立てその他の処分をすることを妨げられない」（民423の5）ため，債権者が被代位権利を行使した後も，当事者適格は失わない。
そのため，改正民法のもとで債務者が独立当事者参加をすることができるかについては争いがある。

70. 「債権者が被代位権利を行使した場合であっても，債務者は，被代位権利について，自ら取立てその他の処分をすることを妨げられない」（民423の5）ため，債権者が被代位権利を行使した後も，当事者適格は失わない。

71. 独立当事者参加訴訟においては，合一確定の要請の下，債権者の第三債務者に対する請求及び債務者の第三債務者に対する請求が併合審理されるので（47Ⅳ・40 IないしⅢ），二重起訴禁止の趣旨が妥当しない。したがって，二重起訴の禁止に抵触せず，適法である（最判昭48.4.24）。

72. 二重起訴に当たり別訴が提起できないとすると，通常訴訟と手形訴訟は「同種の訴訟手続」（136）に当たらず反訴を提起できないため，手形債務不存在確認訴訟を先行された場合，手形所持者は別訴でも反訴でも手形訴訟を提起することができず，手形所持者に簡易迅速に債務名義を獲得させようという手形訴訟の立法趣旨が貫徹されない。したがって，手形訴訟は二重起訴に当たらないと解する（大阪高判昭62.7.16）。

□ ___/___ **73.** **B** 二重起訴に該当する場合の処理について説明しなさい。
□ ___/___
□ ___/___

□ ___/___ **74.** **B** 二重起訴がなされ矛盾する判決がなされた場合の処理
□ ___/___ について説明しなさい。
□ ___/___

73.　　　原則として，裁判所は不適法却下すべきである。もっとも，例外として，①同一裁判所に係属する場合には，弁論を併合すべきであり，異別の裁判所に係属する場合には，可能な限り移送して，受送裁判所で弁論を併合すべきである。また，②釈明（149）の上，訴え変更（143）又は反訴提起（146）を待つべきである。

74.　　　後になされた判決が再審で取り消されるべきである（338Ⅰ⑩）。

3　訴訟の審理と進行

□ / □ / □ /	1.	**A**	時機に後れた攻撃防御方法の却下の要件①「時機に後れて…攻撃又は防御の方法」を「提出した」ことの判断基準，②「故意又は重大な過失」によるものであることの判断基準，③「これにより訴訟の完結を遅延させることとなる」ことの意義について説明しなさい。
□ / □ / □ /	2.	**B**	補充送達の要件である「相当のわきまえのあるもの」（106Ⅰ）の意義について説明しなさい。
□ / □ / □ /	3.	**B**	受送達者との間に事実上の利害関係の対立がある者が実際に送達を受領した場合であっても送達の効力が発生するか，について説明しなさい。
□ / □ / □ /	4.	**B**	受送達者への訴状等の交付がなされなかったことで受送達者が訴訟に関与できなかった場合，上訴の追完（97Ⅰ）ができるかについて説明しなさい。
□ / □ / □ /	5.	**B**	受送達者への訴状等の交付がなされなかったことで受送達者が訴訟に関与できなかった場合，受送達者は再審請求をすることができるかについて説明しなさい。

3 訴訟の審理と進行

1. ①訴訟手続の具体的な進行状況やその攻撃防御方法の性質から，より早期に提出することが期待できる客観的事情があったかどうかをもって判断する。なお，控訴審では，一審をも通じて判断される（最判昭30.4.5）。
②審理経過，本人の法律知識の程度，攻撃防御方法の種類等を考慮する。
③時機に後れて提出された攻撃防御方法の審理がなければ直ちに弁論を終結し得るのに，さらに期日を開かなければならないこと（絶対的遅延概念）。

2. 送達の趣旨を理解して交付を受けた書類を受送達者に交付することを期待できる程度の能力を有する者。

3. 受送達者の相手方当事者又はこれと同視し得る者に当たる場合は別として，その訴訟に関して受送達者との間に事実上の利害関係があるに過ぎない場合には，同居者等に対して上記書類を交付することによって，受送達者に対する送達の効力が生ずる（最決平19.3.20）。

4. 受送達者が，通常の注意を払っても，訴状等の送達を知り得なかった場合，「責めに帰することができない事由」（97Ⅰ）が認められるので，確定判決の存在を知った日から「1週間以内」（97Ⅰ）に上訴を追完することができる。

5. 訴状等の交付を受けた者について「法定代理権，訴訟代理権又は代理人が訴訟行為をするのに必要な授権を欠いた」（338Ⅰ③）とはいえないため，同号の直接適用はできない。しかし，当事者に保障されるべき手続関与の機会が与えられなかった点に再審に値する違法事由を認めるという同号の趣旨からすれば，被告に対して訴訟に関与する機会が実質的にみて与えられていなかったといえる場合には，同号を類推適用できる。そして，受送達者への訴状等の交付がなされなかったことで受送達者が訴訟に関与できなかった場合はこのような場合に当たる。したがって，受送達者は再審請求をすることができる。

□ ／
□ ／　6.　**B**　受送達者への訴状等の交付がなされなかったことで受
□ ／　　　　　　送達者が訴訟に関与できなかった場合でも，判決正本等
　　　　　　　　の送達が有効な場合，又は上訴の追完が可能な場合に，
　　　　　　　　再審請求をすることができるかについて説明しなさい。

□ ／
□ ／　7.　**B**　原告により確定判決の不正取得がなされた場合，被告
□ ／　　　　　　はどのような手段で救済されるかについて説明しなさい。

□ ／
□ ／　8.　**B**　公示送達によって送達を受けたが，その事実を知らな
□ ／　　　　　　いまま出頭せず敗訴判決を受けた場合，訴訟行為（この
　　　　　　　　場合は上訴）の追完をなし得るかについて説明しなさい。

□ ／
□ ／　9.　**B**　事実主張に対する相手方の態度について，説明しなさ
□ ／　　　　　　い。

□ ／
□ ／　10.　**B**　不知の意義及び効果について説明しなさい。
□ ／

□ ／
□ ／　11.　**B**　沈黙の意義及び効果について説明しなさい。
□ ／

6. 　判決正本等の送達が有効な場合，受送達者は上訴ができたので再審の補充性（338
Ⅰただし書）が認められないとも思えるが，判決正本等の送達が有効にされたか否
かと，当事者が再審事由を現実に了知することができたか否かとは別の問題なので，
補充性は否定されない。また，上訴の追完（97Ⅰ）が可能な場合にも，再審の補
充性が認められないとも思えるが，控訴の追完は専ら判決後の控訴提起の障害を理
由とするものであるのに対し，再審は判決に至る手続過程における重大な瑕疵を理
由とするものであって，問題となる事由を異にしていること，追完事由の存在が，
より重大な瑕疵による再審事由の主張を制限し，再審の訴えの提起を阻止するとい
うのでは，本末転倒であること，審級の利益を保証する必要があることから，再審
の補充性は否定されない。したがって，再審請求はできる。ただし，判決が受送達
者に交付送達されていた場合には，再審の補充性により，再審の提起は認められな
いと考えられる。判決の交付送達により訴訟提起及び欠席判決を現実に了知するこ
とになり，通常の上訴の提起が可能だからである。

7. 　①上訴の追完（97Ⅰ），②再審請求（338Ⅰ③⑤⑥），③損害賠償請求が考えら
れる。③については，既判力に抵触するのではないかという問題があるが，当事者
の一方が，相手方の権利を害する意図の下に，作為又は不作為によって相手方が訴
訟手続に関与することを妨げ，あるいは虚偽の事実を主張して裁判所を欺罔するな
どの不正な行為を行い，その結果本来あり得べからざる内容の確定判決を取得し，
かつ，これを執行したなど，その行為が著しく正義に反し，確定判決の既判力によ
る法的安定の要請を考慮してもなお容認し得ないような特別の事情がある場合に
は，再審を経る必要がない（最判昭44.7.8，最判平10.9.10，最判平22.4.13）。

8. 　公示送達の制度上，被告の不利益は予定されているが，公示送達の公示力はきわ
めて弱い。そこで，①被送達者側の事情（被告が自己に対する判決を予見できたか，
公示送達が被告の居住地を管轄する裁判所でなされたか），②公示送達申立人側の
事情（悪意・過失等の事情）を総合的に考慮して，「責めに帰することができない
事由」（97Ⅰ）の存否を決すべきである。

9. 　①自白，②否認，③不知，④沈黙。

10. 　「相手方の主張した事実を知らない旨の陳述」をいい，「その事実を争ったものと
推定」される（159Ⅱ）。

11. 　「当事者が口頭弁論において相手方の主張した事実を争うことを明らかにしない」
ことをいい，「弁論の全趣旨により，その事実を争ったものと認めるべきとき」で
ない限り，「その事実を自白したものとみなす」（159Ⅰ）。

□ ___/___ □ ___/___ □ ___/___	12.	B	否認の意義について説明しなさい。

□ ___/___ □ ___/___ □ ___/___	13.	B	理由付否認(積極否認)と抗弁の意義について説明しなさい。

□ ___/___ □ ___/___ □ ___/___	14.	B	制限付自白と仮定的抗弁(予備的抗弁)の意義について説明しなさい。

□ ___/___ □ ___/___ □ ___/___	15.	B	相殺の抗弁と他の抗弁の審理判断の順序について説明しなさい。

□ ___/___ □ ___/___ □ ___/___	16.	B	訴訟行為に私法規定が類推適用されるかについて説明しなさい。

□ ___/___ □ ___/___ □ ___/___	17.	B	明文なき訴訟契約の有効性について説明しなさい。

12. 相手方が証明責任を負う事実を否定し，それによってその事実の証拠調べを必要ならしめる訴訟行為。

---

13. 理由付否認（積極否認）とは，相手方の主張と両立しない別個の事実を主張して行う否認をいう。抗弁とは，自己が証明責任を負う事実で相手方が証明責任を負う事実と両立する事実で，請求原因による法律効果の全部又は一部を排斥する効果をもたらす法律要件に該当するものをいう。

---

14. 制限付自白とは，相手方の主張を認めた上で行う抗弁の提出をいう。仮定的抗弁（予備的抗弁）とは，相手方の主張を仮に認めた上で行う抗弁の提出をいう。

---

15. 相殺の抗弁には既判力が生じる（114Ⅱ）から，主位的抗弁（主張）を審理判断してからでなければ，相殺の抗弁について審理判断することはできない。

---

16. 訴訟手続の安定及び公的な陳述としての明確性の観点から，原則として，訴訟行為には私法規定の類推適用は認められないが，手続の安定を害するおそれがない場合には，例外的に私法規定の類推適用を肯定する。
　　具体的には，訴訟開始前や訴訟外での訴訟行為（代理権授与，管轄の合意，証拠契約等）については，訴訟手続と直接の関連性がなく，その無効・取消しを認めても手続の安定を害しないこと，裁判所の面前でその指揮の下でなされるものでもないので，表示主義，外観主義を貫徹する前提条件が備わっていないことから，類推適用が肯定される。
　　また，判決によらずに訴訟手続を終了させる訴訟行為（訴えの取下げや請求の放棄・認諾，訴訟上の和解）についても，手続が積み重なることがないため，手続の安定とは無関係であり，類推適用が肯定される。

---

17. 訴訟手続の安定，明確的画一的処理の要請から，各要件ごとに裁判所や両当事者が任意に合意したとしても，訴訟手続の方式を自由に変更させるべきではない（任意訴訟禁止の原則）。しかし，処分権主義・弁論主義の範囲内では，当事者は訴訟追行上，ある行為をするかしないかの自由を有しているため，当事者の自由な意思を尊重すべきである。もっとも，処分権主義・弁論主義の範囲内であっても，無制限に合意できるとすると，合意当事者といえども不測の不利益を被るおそれが生じる。そこで，原則として許されないが，実体法上の私的自治の原則を反映した処分権主義・弁論主義の範囲内であって，当事者にとって合意により被る訴訟上の不利益が明確に予測可能である場合には，許される。

□ /		
□ /	18.	**B**
□ /		

　　　　明文なき訴訟契約が有効と認められる具体例について説明しなさい。

□ /		
□ /	19.	**A**
□ /		

　　　　訴訟契約の法的性質について説明しなさい。

□ /		
□ /	20.	**B**
□ /		

　　　　訴訟契約の法的性質における私法行為説を前提に，一方当事者が契約に反する訴訟行為をした場合の処理について説明しなさい。

□ /		
□ /	21.	**A**
□ /		

　　　　訴訟において相殺の抗弁を提出したところ，それが時機に後れた攻撃防御方法として却下された。この事例において，後訴において相殺の抗弁に供した債権が訴求された場合，どのように処理すべきかについて説明しなさい。

□ /		
□ /	22.	**B**
□ /		

　　　　訴訟上の相殺に対して，更に訴訟上の反対相殺を主張することができるかについて説明しなさい。

18. ①訴えの取下げの合意（最判昭44.10.17），②不起訴の合意（最判昭51.3.18参照），③自白契約（口頭弁論において特定の事実を争わない旨の合意），④証拠制限契約（証拠方法を一定のものに限定する契約）。ただし，④については，すでに取り調べた証拠方法を後から用いないこととする合意，あるいは，特定の証拠資料の証拠力を制限する合意は，自由心証主義（247）の強行法規性に反するため，認められない。

19. 訴訟外でなされる契約である以上，私法の規律を受けるべきである。したがって，訴訟契約は，私法上の契約であり，それにより実体法上の作為・不作為義務を生じさせるにすぎない。一方当事者が契約に反する訴訟行為をした場合にも，直接訴訟法上の効果は生じず，他方当事者は抗弁として合意の存在を主張し，裁判所はこれを認めるとき，訴訟上の一定の措置をとることになる。

20. 一方当事者が契約に反する訴訟行為をした場合にも，直接訴訟法上の効果は生じず，他方当事者は抗弁として合意の存在を主張し，裁判所はこれを認めるとき，訴訟上の一定の措置をとることになる。

21. 形成権行使の意思表示により既に私法上の効果が発生していることとなると，形成権行使の主張が却下されてもその効果は残存し当事者の意思に反する結果となるおそれがある。そこで，訴訟上の形成権の行使は，訴訟外の行使と同様に，形成権の行使という私法行為と，その行為の私法上の効果を裁判所に陳述するという訴訟行為とが併存したものである（並存説）が，当事者の意思を合理的に解釈した結果，当事者が形成権行使の効果の残存を望まない場合には，裁判所によって審理判断されることを条件とする停止条件付意思表示と考え，その私法上の効果は残存しないものとみるべきである。そして，相殺の抗弁は，私法上の効果の残存を望まないのが被告の合理的意思であるから，相殺の抗弁に供した債権の訴求を認めることができる。

22. 仮定の上に仮定が積み重ねられて当事者間の法律関係を不安定にし，徒に審理の錯雑を招くことになること，訴えの追加的変更，別訴によれば足りること，114条2項の適用範囲を無制限に拡大すべきでないことからすれば，反対相殺を主張することはできないと解すべきである（最判平10.4.30）。

3
訴訟の審理と進行

☐ ／ ☐ ／ ☐ ／	**23.**	**A**	弁論主義の意義，根拠及び機能について説明しなさい。

☐ ／ ☐ ／ ☐ ／	**24.**	**A**	弁論主義の内容について説明しなさい。

☐ ／ ☐ ／ ☐ ／	**25.**	**B**	主張共通の原則と証拠共通の原則について説明しなさい。

☐ ／ ☐ ／ ☐ ／	**26.**	**B**	主要事実，間接事実，補助事実の意義について説明しなさい。

☐ ／ ☐ ／ ☐ ／	**27.**	**A**	弁論主義の適用範囲（弁論主義はいかなる事実に適用があるか）について説明しなさい。

23. (1) 意義

　判決の基礎をなす事実の確定に必要な資料（訴訟資料, 証拠資料）の提出（主要事実の主張と必要な証拠の申出）を当事者の権能と責任とする建前

(2) 根拠

　①実体法上の私的自治の原則を訴訟法に反映したもの, ②真実発見のための合目的考慮による所産, ③双方当事者に対する不意打ち防止ないし, より広い手続保障

(3) 機能

　①紛争内容（訴訟資料）の自主的形成機能, ②真実発見機能, ③不意打ち防止・手続保障機能, ④公正な裁判への信頼確保の機能

24. 第一原則＝裁判所は, 当事者の主張しない事実を判決の基礎に採用してはならない。

第二原則＝裁判所は, 当事者に争いのない事実は, そのまま判決の基礎として採用しなければならない。

第三原則＝裁判所は, 当事者間に争いのある事実を証拠によって認定する際には, 当事者の申し出た証拠によらなければならない。

25. 主張共通の原則とは, 弁論主義は裁判所と当事者の役割分担にすぎないから, 「事実」は, いずれの「当事者」が主張したかを問わないという原則をいう。証拠共通の原則とは, 自由心証主義（247）から, 「証拠」は, どちらの「当事者」が提出したかは問わないという原則をいう。

26. 主要事実＝権利の発生, 変更, 消滅という法律効果の判断に直接必要な事実。すなわち, 権利の発生・変更・消滅を定める規範の要件に直接該当する具体的事実（法規基準説）。

間接事実＝主要事実の存否を推認するのに役立つ事実。

補助事実＝証拠の証明力に影響を与える事実。

27. 主要事実は訴訟の勝敗に直結するものであり, 当事者の意思の尊重及び当事者に対する不意打ち防止の見地から弁論主義の対象とすべきである。他方, 間接事実・補助事実は主要事実の存否を推認する資料となる点で証拠（直接証拠）と同レベルにあるため, これらの事実にも弁論主義の適用があると, 裁判官に不自然な判断を強いることとなり, 自由心証主義（247）に反する危険がある。したがって, 主要事実に限定すべきである。

3

訴訟の審理と進行

□ /___ □ /___ □ /___	28.	B	規範的要件(不特定概念)における主要事実が何かについて説明しなさい。

□ /___ □ /___ □ /___	29.	B	所有権の来歴経過が主要事実に当たるかについて説明しなさい。

□ /___ □ /___ □ /___	30.	B	手形金請求事件の被告Yが,原因債権について弁済をしたとの抗弁を提出したが,裁判所は,Yからの弁済行為は確かにあったが,それは別口債務への弁済(当事者から主張されていない事実)であって本件債務への弁済ではないと認定し,この抗弁を排斥した。このような認定が弁論主義に違反するかについて説明しなさい。

□ /___ □ /___ □ /___	31.	B	事実抗弁と権利抗弁の意義について説明しなさい。

□ /___ □ /___ □ /___	32.	A	債務者(加害者)が過失相殺をする旨の主張をしておらず,債権者の過失(過失の内容をなす具体的事実)についての主張もしていない場合,裁判所は職権による過失相殺をすることができるかについて説明しなさい。

□ /___ □ /___ □ /___	33.	B	当事者が公序良俗違反の主張をしておらず,公序良俗違反を基礎付ける具体的事実についての主張もしていない場合,裁判所は公序良俗違反を認定することができるかについて説明しなさい。

28.　当事者に対する不意打ち防止の観点に加え，民事訴訟においては事実のみが審理の対象となり，権利とか価値判断の結論は直接には証明の対象とはなり得ない以上，不特定概念や一般条項は主要事実とはなり得ず，具体的事実のみが主要事実となる。したがって，抽象的な要件事実（規範的要件）を構成する個々の具体的事実（評価根拠事実）を主要事実とすべきである。

29.　来歴の内容は所有権の帰属という新たな法律効果の発生にかかわるから，主要事実に当たると解すべきである（最判昭55.2.7）。

30.　Yが不利益を受けたのはもっぱらYの主張にかかる抗弁事実（原因債権についての弁済）の立証ができなかったためであって，別口債務への弁済が認定されたことの直接的な結果ではない。したがって，弁論主義には違反しない。

31.　事実抗弁＝相手方の権利の発生を妨げあるいは消滅をもたらす規定の要件に該当する事実を主張すれば足り，その規定の適用結果である権利の主張までは必ずしも必要ないもの
　　権利抗弁＝相手方の権利の行使を妨げあるいは消滅させる権利の発生要件に該当する事実の主張のみならず，その権利の行使ないし利益享受の主張も必要なもの

32.　債務者の過失について弁論主義が適用される以上，債権者の過失についても弁論主義が適用されると解するのが妥当である。他方，過失相殺制度は，公平及び信義則の見地から認められるものであるから，過失相殺をする旨の主張がなくとも，裁判所が後見的な立場から過失相殺を行うことが可能である。したがって，具体的事実の主張は必要であるが，過失相殺をする旨の主張は必要ない（事実抗弁説）（不法行為における過失相殺について最判昭41.6.21，債務不履行における過失相殺について最判昭43.12.24参照）。

33.　公序良俗違反は公益性が高く，弁論主義を適用することができない。したがって，公序良俗違反の主張や，公序良俗違反を基礎付ける具体的事実についての主張がなくとも，公序良俗違反を認定することができる（最判昭36.4.27。なお，同判例の事案では，公序良俗違反を根拠付ける具体的事実は主張されているから，当該事実を主要事実と捉える限り，この問題は顕在化していない）。

□ ___/___ **34.** **B** 釈明権の意義について説明しなさい。
□ ___/___
□ ___/___

□ ___/___ **35.** **B** 消極的釈明の意義及び限界について説明しなさい。
□ ___/___
□ ___/___

□ ___/___ **36.** **B** 積極的釈明の意義及び限界について，説明しなさい。
□ ___/___
□ ___/___

□ ___/___ **37.** **B** 釈明義務の意義について説明しなさい。
□ ___/___
□ ___/___

34. 事件の内容をなす事実関係や法律関係を明らかにするために，当事者に対して事実上や法律上の事項について質問を発し，又は立証を促す裁判所の権能（149）。

35. (1) 意義
当事者が必要な申立てや主張をしているものの，それらに不明瞭・矛盾がみられるときにこれを問いただす釈明。
(2) 限界
消極的釈明は，当事者の陳述があいまい不明瞭であったり，不完全，矛盾や誤りがある場合の釈明であるから，過度の行使は問題とならないため，行使する範囲に制限はない。

36. (1) 意義
当事者が必要な申立て・主張をしていない場合，これを示唆・指摘する釈明。
(2) 限界
過度な行使は，不公平な裁判となるおそれがあり，かえって国民の信頼を害するため，合理的な範囲に限定される。具体的には，①判決における勝敗転換の蓋然性，②釈明権の行使をまたずに適切な申立て・主張をすることを当事者に期待できる場合かどうか（本人訴訟か弁護士による代理訴訟か）などを基準として決めるべきである。

37. 釈明権の行使は，裁判所の「権能」であるが，その適切な行使によって弁論主義の形式的な適用による不合理を修正して，適正かつ公平な裁判を実現することは，裁判所のなすべき責務でもあるから，一定の場合には釈明義務が発生する（上告審が釈明権の不行使を釈明義務違反として原判決を破棄できるかという形で問題となる）。

☐ ___/___ **38.** Ⓑ 釈明義務違反が判決の破棄事由等になる場合について，
☐ ___/___ 消極的釈明の場合と積極的釈明の場合に分けて説明しな
☐ ___/___ さい。

☐ ___/___ **39.** Ⓑ 釈明処分の意義について説明しなさい。
☐ ___/___
☐ ___/___

☐ ___/___ **40.** Ⓑ 法的観点指摘義務について説明しなさい。
☐ ___/___
☐ ___/___

☐ ___/___ **41.** Ⓑ 証拠方法，証拠資料及び証拠原因の意義について説明
☐ ___/___ しなさい。
☐ ___/___

---

38. (1) 消極的釈明の場合

消極的釈明を怠り，判決の基礎をなす事実につき矛盾や不明瞭があるのにそれを放置して判決がなされた場合，高裁が上告審のときは，「法令の違反」として上告理由となり（312Ⅲ），これが「判決に影響を及ぼすことが明らか」な場合は，破棄理由となる（325Ⅰ後段）。最高裁が上告審のときは，「法令の解釈に関する重要な事項」として，上告受理申立理由となり（318Ⅰ），これが「判決に影響を及ぼすことが明らか」な場合は，破棄理由となる（325Ⅱ）。

(2) 積極的釈明の場合

積極的釈明を過度に行えば，かえって事実関係の真相を曲げ，当事者に不公平な裁判であるとの印象を与えかねないため，これを行わなかった場合すべてを一律に上告理由，上告受理申立理由，原判決破棄の理由とすることは行き過ぎである。したがって，①原審でのすべての裁判資料からみて，勝訴すべき者が勝訴しておらず，もし釈明権が行使されていれば，結果を異にしたと判断される場合であり，②当事者の能力や事件の困難さなどを考慮した場合に釈明権の行使なしに適切な申立てや主張・立証が当事者に期待できないと判断される場合に釈明権の不行使が釈明義務違反を構成すると解すべきである。そして，その場合には，消極的釈明の場合と同様に，上告理由（312Ⅲ），上告受理申立理由（318Ⅰ），破棄理由（325ⅠⅡ）となる。

39. 弁論を理解し事件の内容を把握するため，口頭弁論における釈明権の行使のほかに，その準備又は補充として，訴訟関係の解明のために裁判所のなす処分（151Ⅰ）。

40. 法規の解釈・適用は裁判所の責務であって，当事者の法律上の陳述は参考にされるにすぎないが，両当事者が，一定の法的観点に基づきある法規の適用を前提として争っているのに，裁判所が同一事実関係を前提として別の法律構成で法的判断をする場合には，当事者には不意打ちとなり，弁論主義や処分権主義による手続保障が害される。したがって，一定の場合には裁判所が，その法律構成ないし法的観点を示して，当事者に法律構成についての攻撃防御の機会を保障し審理を充実させなければならない責務（法的観点指摘義務）を負う。

41. 証拠方法は，裁判官がその五官で取り調べ得る有形物であり，証拠調べの対象を指し，証人，鑑定人，当事者本人などの人証と，文書，検証物などの物証がある。証拠資料は，証拠方法を取り調べた結果得られた，証言，鑑定意見，当事者の供述，文書等の内容，検証結果等を指す。証拠原因は，事実の存否につき裁判官に確信を生じさせる原因となった，証拠資料及び弁論の全趣旨を指す。

| | | 42. | B | 証拠能力と証明力の意義について説明しなさい。 |

| | | 43. | B | 直接証拠と間接証拠の意義について説明しなさい。 |

| | | 44. | B | 本証と反証の意義について，説明しなさい。 |

| | | 45. | B | 証明と疎明の意義について説明しなさい。 |

| | | 46. | B | 厳格な証明と自由な証明の意義について説明しなさい。 |

| | | 47. | B | 証明の対象となるものについて説明しなさい。 |

| | | 48. | B | 証明の対象とはならない事実について説明しなさい。 |

| | | 49. | A | 裁判上の自白の意義について説明しなさい。 |

| | | 50. | B | 裁判上の自白の意義における「不利益な事実」の意義について説明しなさい。 |

42. 証拠能力は, ある有形物が証拠方法として取調べの対象とされ得る資格を指す (民事訴訟では原則として証拠能力に制限はない (自由心証主義, 247))。証明力は, 証拠資料が証明の対象とされた事実の認定に役立つ程度を指す (証拠資料の証拠力の評価は, 裁判官の自由な心証に任され, 法による制約を受けない (自由心証主義))。

43. 直接証拠は, 主要事実を証明するための証拠を指す。間接証拠は, 間接事実及び補助事実を証明するための証拠を指す。

44. 本証は, 自己に証明責任がある事実を証明するために, 提出する証拠あるいは立証活動を指す。反証は, 立証責任を負担しない相手方の提出する証拠あるいは立証活動を指す (真偽不明に追い込めば足りる)。

45. 証明は, 裁判の基礎として明らかにすべき事項について裁判官が確信を抱いてよい状況, 又はこの状況に達するように証拠を提出する当事者の努力を指す。疎明は, 裁判官が当該事項の存在につき一応確からしいとの認識をもった状態, 又はそのような状態に達するように証拠を提出する当事者の努力を指す (明文で認めた場合にのみ許容される)。

46. 厳格な証明は, 180条以下の証拠方法や証拠調べ手続の規定に従った証明をいう (請求の当否を基礎付ける事実の認定には, 厳格な証明が必要である)。自由な証明は, 180条以下の証拠方法や証拠調べ手続の規定に従わない証明をいう。

47. 証明の対象となるのは事実である。この事実の範囲は, 権利・義務といった一定の法律効果を発生させる法規の要件事実に該当する主要事実を指し, 間接事実や補助事実も主要事実の認定に必要な限度で証明の対象となる。

48. ①一般常識に属する経験則 (専門的知識に属する経験則は要証事実となる), ②法規, ③顕著な事実 (179後段), ④自白が成立した事実。

49. 口頭弁論又は争点整理手続期日において, 相手方が主張する自己に不利益な事実を争わない旨の, 当事者の弁論としての陳述。

50. 相手方が証明責任を負っている事実 (証明責任説)。

□ □ □	_/_ _/_ _/_	**51.** Ⓑ 裁判上の自白の効力について説明しなさい。

□ □ □	_/_ _/_ _/_	**52.** Ⓑ 裁判上の自白の効力のうち，①不要証効の発生根拠，②裁判所拘束力の発生根拠，③当事者拘束力の発生根拠について説明しなさい。

□ □ □	_/_ _/_ _/_	**53.** Ⓑ 裁判上の自白の効力のうち，①不要証効，②裁判所拘束力，③当事者拘束力の発生する事実の範囲について説明しなさい。

□ □ □	_/_ _/_ _/_	**54.** Ⓐ 自白の撤回について説明しなさい。

□ □ □	_/_ _/_ _/_	**55.** Ⓑ 権利自白の意義について説明しなさい。

51. ①不要証効，②裁判所拘束力，③当事者拘束力

52. ①179条，②弁論主義第二原則，③禁反言の原則，及び当事者に対する拘束力は，裁判所に対する拘束力がある（あるいは不要証効がある）ことを前提とする，相手方の信頼保護（2）。

53. ①全ての事実（主要事実に限られない）。
②間接事実や補助事実は主要事実の存否を推認させる点において証拠と同様の機能を果たすため，これらの事実について自白の拘束力を生じさせると，自由心証主義（247）に反する。したがって，主要事実についてのみ発生する（最判昭31.5.25，最判昭41.9.22）。
③当事者に対する拘束力は，裁判所に対する拘束力がある（あるいは不要証効がある）ことを前提に，相手方の信頼保護を目的とするものである。したがって，主要事実に限られる（最判昭41.9.22）。

54. 当事者拘束力が認められるため，原則として許されないが，①相手方の同意がある場合，②刑事上罰すべき他人の行為（たとえば詐欺や脅迫）により自白がなされた場合（338Ⅰ⑤類推），③自白が真実に反し，かつ，錯誤に基づく場合には，例外的に自白を撤回できる。なお，③について，反真実の証明がなされた場合には自白は錯誤によるものと推定する（最判昭25.7.11）。

55. 請求の当否の判断の前提をなす先決的な権利法律関係についての自白。

□ ／
□ ／
□ ／ 　**56.** 　**A** 　権利自白について，不要証効，裁判所拘束力及び当事者拘束力が発生するかについて説明しなさい。

□ ／
□ ／
□ ／ 　**57.** 　**B** 　擬制自白の意義，判断基準及び効力について説明しなさい。

□ ／
□ ／
□ ／ 　**58.** 　**B** 　自由心証主義の意義について説明しなさい。

56. (1) 不要証効

その先決的法律関係には，争いがないので，事実主張・立証の必要性が少ないし，訴訟審理の促進が必要である。したがって，不要証効は発生する。

(2) 裁判所拘束力及び当事者拘束力

法の適用は裁判所の職責であるし，法律の素人である当事者の法律的判断を過度に尊重すればかえって当事者間の公平・裁判の公正を害する危険があるから，原則として裁判所拘束力及び当事者拘束力は発生しない。もっとも，日常的な法律概念を用いた場合には，その陳述はその法律概念の基礎となる具体的事実の表現とみることができるから，日常的な法律概念を用いた場合には，その具体的事実について裁判所拘束力及び当事者拘束力が生じると解する。

cf. 判例は否定説である（最判昭30.7.5）。なお，実務上は，日常的な法律概念かどうかを意識することなく，事実上の主張とみることができれば，通常の「裁判上の自白」として取り扱うことが通例である（権利自白とみられる範囲は極めて狭い）。また，権利自白が成立しても，拘束力までは認められていない。

57. (1) 意義

口頭弁論において相手方の主張事実を明らかに争わないときは争う意思のないものとみなす（159Ⅰ）。当事者が口頭弁論期日に不出頭の場合にも，準用される（159Ⅲ）が，公示送達による呼出を受けているときは自白とみなされない（159Ⅲただし書）。

(2) 判断基準

口頭弁論終結時に一体としての口頭弁論を振り返って，当事者の陳述，その他の態度を考察して，争ったか否かを判断する。したがって，控訴審で争ってもよい（ただし，時機に後れた攻撃防御方法として却下される可能性はある。157Ⅰ）。

(3) 効力

不要証効及び裁判所拘束力はあるが，当事者の訴訟行為がないため，当事者拘束力はない。

58. 事実認定に当たって，証拠資料の採否とその証拠力の評価及び審理に現れた一切の状況の斟酌をすべて裁判官の自由な判断に任せる原則（247）。

□ ___/___ **59.** Ⓑ 自由心証主義と弁論主義の関係について説明しなさい。
□ ___/___
□ ___/___

□ ___/___ **60.** Ⓑ 自由心証主義の内容について説明しなさい。
□ ___/___
□ ___/___

□ ___/___ **61.** Ⓑ 自由心証主義の制限について説明しなさい。
□ ___/___
□ ___/___

□ ___/___ **62.** Ⓑ 違法収集証拠の証拠能力について説明しなさい。
□ ___/___
□ ___/___

59.　弁論主義との関係において自由心証主義の外延が決まる。すなわち，第一原則との関係では，裁判所は当事者の主張しない事実を判決の基礎に採用してはならないため，たとえ裁判官が証拠調べの結果から心証を形成したとしても，当事者の主張していない事実は認定できない。また，第二原則との関係では，裁判所は当事者間に争いのない事実はそのまま判決の基礎にしなければならないため，自白が成立して当事者が争わない事実については，裁判官が他の心証を形成したとしても，自白に拘束される。さらに，第三原則との関係では，当事者の提出しない証拠を使用してはならないことになる。

60.　(1) 証拠方法の無制限と弁論の全趣旨の斟酌
　　　　裁判官は事実認定を行うために，原則として，制限なくあらゆる証拠方法を取り調べ，心証形成の材料とすることができる（ex. 伝聞証拠）。また，裁判官は，弁論の全趣旨（247），当事者や代理人の弁論の内容をはじめ，態度，攻撃防御方法の提出の有無や時期など，口頭弁論に現れた一切の資料や状況を心証形成の材料とすることができる。
　　(2) 証拠力の自由な評価
　　　　論理法則と経験則による自由な証拠評価（事実上の推定，証拠の証拠力の評価は裁判官の自由な判断に任されるが，裁判官はその判断を論理法則及び経験則に従ってなさなければならない）。この点から，当事者間の証拠共通の原則が導かれる。

61.　(1) 証拠方法の制限
　　　　①代理権や訴訟行為をなすに要する特別の証明は書面に証拠方法が制限される（規15，23），②口頭弁論の方式についての証明は調書に証拠方法が制限される（160Ⅲ），③疎明事項では即時に取り調べ得る証拠に証拠方法が制限される（188），④手形小切手訴訟では書証に証拠方法が制限される（352，367Ⅱ）。
　　(2) 証拠力の自由な評価の制限
　　　　文書の方式及び趣旨により公務員が職務上作成したものと認められる場合，及び本人又はその代理人の署名又は押印がある私文書は，真正に成立したものと推定される（228ⅡⅣ）。また，証明責任を負わない当事者が，文書提出命令に従わない場合や相手方の文書使用を妨害する場合など，訴訟上の義務に違背して故意に相手方の立証を妨げた場合，その者の不利に事実を認定することができる（224ⅠⅡ，229ⅡⅣ，232Ⅰ，208など）。

62.　証拠収集の違法性は証拠力の評価の中で考慮すれば足りるため，原則として証拠能力が認められる。もっとも，違法収集証拠を裁判所が用いることは，民事裁判の公正に対する国民の信頼を損なう，裁判所が違法行為を是認するとの誤解を与えかねないため，例外的に，人格権を侵害し，反社会的な手段で収集・使用された違法収集証拠については，その証拠能力を否定すべきである（東京高判昭52.7.15）。

☐ /	**63.** **B** 心証形成の程度について説明しなさい。
☐ /	
☐ /	

☐ /	**64.** **B** 証明責任の意義について説明しなさい。
☐ /	
☐ /	

☐ /	**65.** **B** 証明責任の趣旨について説明しなさい。
☐ /	
☐ /	

☐ /	**66.** **A** 証明責任の配分基準について説明しなさい。
☐ /	
☐ /	

☐ /	**67.** **B** 証明責任の配分基準に関する法律要件分類説からの原
☐ /	則的処理について説明しなさい。
☐ /	

63.　　一点の疑義も許されない自然科学的証明ではなく，高度の蓋然性の証明であり，その判定は，通常人が疑を差し挟まない程度に真実性の確信を持ち得るものであることが必要かつ十分である（最判昭50.10.24）。

64.　(1)　客観的証明責任
　　　　ある事実が真偽不明の場合に，判決において，その事実を要件とする自己に有利な法律効果の発生又は不発生が認められないことになる一方当事者の不利益の負担。
　　(2)　主観的証明責任（証拠提出責任）
　　　　客観的証明責任から生じる，勝訴するためには証明責任を負う主要事実を証明しなければならないという一方当事者の行為責任。

65.　　裁判をするには，適用すべき法規の効果を発生させる要件に該当する主要事実の存否を確定しなければならないが，当事者の努力や裁判所の能力にも限度があるから，証拠調べの結果や弁論の全趣旨を斟酌しても，主要事実の存否について裁判官が心証形成に至らない場合もある。しかし事実が不明であることを理由に判決をしないとするなら，紛争が解決しないことになり，訴訟制度の目的を実現できない。裁判を可能とするには，存否不明の事実はこれを存在しないと認定された場合と同じに扱い，この事実を要件とする法律効果の発生を認めないことにする。

66.　　基準の明確性及び立法者意思の観点から，一定の法律効果を主張する者は，その効果の発生を基礎付ける適用法条の要件事実につき証明責任を負う（実体法を基準とする）（法律要件分類説，実務）。

67.　　①一定の法律効果を主張する各当事者は，その法律効果の発生を規定する「権利根拠規定」（ex. 民587）の要件事実につき証明責任を負う，②権利根拠規定による法律効果の発生につき障害事由を規定する「権利障害規定」（ex. 民95本文）の要件事実は，法律効果の発生を争う者が証明責任を負う，③一旦発生した法律効果の消滅は，新たな法律効果である。そこで，法律効果の消滅を主張する者は，消滅を規定する「権利消滅規定」（ex. 弁済）の要件事実につき証明責任を負う，④権利根拠規定に基づく法律効果の行使の阻止を定める「権利阻止規定」（ex. 民533）の要件事実は，法律効果の阻止を主張する者が証明責任を負う。

3 訴訟の審理と進行

| | | 68. | B | 証明責任の転換の意義及びその具体例について説明しなさい。 |

| | | 69. | B | 法律上の推定の種類について説明しなさい。 |

| | | 70. | B | 法律上の事実推定の意義及びその具体例について説明しなさい。 |

| | | 71. | B | 法律上の権利推定の意義及びその具体例について説明しなさい。 |

| | | 72. | B | 暫定真実の意義及びその具体例について説明しなさい。 |

| | | 73. | B | 解釈規定の意義及びその具体例について説明しなさい。 |

68.　　　通常の証明責任の配分とは別に，明文で相手方当事者に反対事実についての証明
責任を負担させること。自賠法3条ただし書（「自己のために自動車を運行の用に
供する者は，その運行によって他人の生命又は身体を害したときは，これによって
生じた損害を賠償する責に任ずる。ただし，自己及び運転者が自動車の運行に関し
注意を怠らなかったこと，被害者又は運転者以外の第三者に故意又は過失があった
こと並びに自動車に構造上の欠陥又は機能の障害がなかったことを証明したとき
は，この限りでない。」）は，人身事故につき，賠償請求権の不成立を主張する被告
に無過失についての証明責任を負担させている。

69.　　(1)　事実上の推定
　　　　　「甲なるときは乙なるものと推定する」という推定。裁判官の自由心証主義
　　　の一作用として経験則を適用して行われる。
　　　(2)　法律上の推定
　　　　　(1)の場合の経験則があらかじめ法規（推定規定）になっており，その規定の
　　　適用として推定が行われる場合。

70.　　　ある実体規定でAという法律効果の要件事実とされている乙事実につき，他の法
規（推定規定）で「甲事実（前提事実）あるときは乙事実（推定事実）あるものと
推定する」と定める場合。民法186条2項は，時効取得を主張する者は，同法
162条1項の20年間の占有継続の証明ができなくても，前後両時点において占有
していたことさえ証明できれば，その間の占有継続を推定すると定めている。

71.　　　権利Aの発生原因事実である乙事実とは異なる甲事実につき，「甲事実あるとき
は権利Aあるものと推定する」と定める場合。民法188条は，占有の事実から占
有物の上に行使する権利を推定すると定めている。

72.　　　前提事実の証明さえ要求しないで，無条件に一定の事実を推定することによって
ある規定の要件事実の証明責任を相手方に転換する法技術。民法186条1項は，
占有者の所有の意思・善意・平穏・公然の無条件の推定を定めている。

73.　　　一定の法律行為に関する当事者の合理的意思を推測（解釈）して所定の法律効果
を付与する法技術であり，法律効果を覆すには，当該法律効果を発生させないこと
とする旨の合意の存在を積極的に立証しなければならない。民法136条1項は，
期限は，債務者の利益のために定めたものと推定すると定めている。

□ / □ / □ /	**74.**	**B**	間接反証の意義及びその具体例について説明しなさい。

□ / □ / □ /	**75.**	**B**	書証の意義について説明しなさい。

□ / □ / □ /	**76.**	**A**	処分証書と報告文書の意義について説明しなさい。

□ / □ / □ /	**77.**	**B**	「職業の秘密」（220④ハ，197 I ③）の意義について説明しなさい。

□ / □ / □ /	**78.**	**B**	「専ら文書の所持者の利用に供するための文書」（220④ニ）の意義について説明しなさい。

74. 間接反証とは，ある主要事実について証明責任を負う者がこれを推認させるに十分な間接事実を一応証明した場合（表見証明）に，相手方がこの間接事実とは別個の，しかもこれと両立し得る間接事実を本証の程度に立証することによって主要事実の推認を妨げる立証活動。間接反証理論は，法律要件分類説を前提としながら，証明困難な主要事実をめぐる間接事実についての証明の負担を両当事者のいずれかに分配して，証明困難な主要事実についての証明責任の公平な運用を図る機能を営む（その際，主要事実の証明責任は変動しない）。

　民法787条の認知の訴えにおいて，主要事実（血縁上の親子関係の存在）を直接に立証することが困難であるため，原告の母と被告との間に性交渉があり，血液型が矛盾しないとの間接事実を立証し，主要事実たる親子関係の証明につき一応成功したとする。その場合，被告がこれらの事実は争わないで，これと両立し得るほかの間接事実の主張である不貞の抗弁（他の男性との間にも性交渉があったこと）を出してこれを証明することにより，いったん認められた主要事実の認定を妨げる。

75. 文書に記載された特定人の意思や認識などの意味内容を証拠資料とする証拠調べ。

76. 処分証書とは，法律行為がその書面によってなされている文書をいう。処分証書は，文書作成の意思と記載内容たる行為の意思とが直接関係しているため，文書の真正が証明されたときは，特段の事情がない限り，記載された内容どおりの事実を認定するべきである（最判昭45.11.26）。報告文書とは，それ以外の，作成者の見解や意見などを述べた文書をいう。

77. 「職業の秘密」とは，主観的に秘密扱いしているというだけでは足りず，客観的にみてその事項が公開されると当該職業に深刻な影響を与え，以後その遂行が困難になるものを指す（最決平12.3.10）。もっとも，ある事項が「職業の秘密」に属するとしても，そのことから無条件に文書提出義務が免除されるわけではなく，そのうち，保護に値する秘密に対してのみ同義務の免除が認められる。保護に値するか否かは秘密の公表によって生ずる不利益と，文書提出の拒絶によって犠牲になる利益との比較衡量により，具体的事案に応じて決せられる（最決平18.10.3）。

78. ①「専ら内部の者の利用に供する目的で作成され，外部の者に開示することが予定されていない」こと（内部利用目的・外部非開示性），②「開示によって所持者の側に看過し難い不利益が生ずるおそれがあると認められること（実質的不利益性）及び③「特段の事情のないこと」

□ ___/___ **79.** Ⓑ 銀行・信用金庫の貸出稟議書が「専ら文書の所持者の
□ ___/___ 　　　　　 利用に供するための文書」（220④ニ）に当たるかについ
□ ___/___ 　　　　　 て説明しなさい。

□ ___/___ **80.** Ⓑ 当事者が文書提出命令（223Ⅰ）に従わない場合の効果
□ ___/___ 　　　　　 について説明しなさい。
□ ___/___

□ ___/___ **81.** Ⓑ 形式的証拠力と実質的証拠力の意義について説明しな
□ ___/___ 　　　　　 さい。
□ ___/___

□ ___/___ **82.** Ⓑ 形式的証拠力が認められるための前提として何が必要
□ ___/___ 　　　　　 かについて説明しなさい。
□ ___/___

□ ___/___ **83.** Ⓑ 文書の成立の真正（228Ⅰ）の意義について説明しなさ
□ ___/___ 　　　　　 い。
□ ___/___

□ ___/___ **84.** Ⓑ 私文書の成立に関する推定規定について説明しなさい。
□ ___/___
□ ___/___

□ ___/___ **85.** Ⓑ 228条4項の推定の法的性質について説明しなさい。
□ ___/___
□ ___/___

□ ___/___ **86.** Ⓑ 「署名又は押印」（228Ⅳ）の意義について説明しなさい。
□ ___/___
□ ___/___

79.　　①銀行・信用金庫内部の利用に供する目的で作成される文書であり，外部への公開は通常予定されておらず，②融資の是非についての審査に当たり作成されるという文書の性質上，忌憚ない意見や評価も記載されるので，開示されると銀行・信用金庫内部の自由な意思形成が阻害されるおそれがあるため，③特段の事情がない限り，自己利用文書に当たる（最決平11.11.12）。

80.　　①当事者が提出命令に従わない場合や，提出義務のある文書の使用を妨害した場合，裁判所は，「当該文書の記載に関する相手方の主張」を真実と認めることができる（224Ⅱ），②相手方が，当該文書の記載内容を具体的に主張すること，及び，当該文書以外の代替証拠によって要証事実を証明すること，の双方が著しく困難であるときには，「要証事実に関する相手方の主張」を真実であると認めることができる（224Ⅲ）。

81.　　形式的証拠力とは，当該文書が特定の作成者の意思の表現であることをいう。実質的証拠力とは，記載内容がある事実の存否につき裁判官の心証形成に影響を与え得る力のことをいう。

82.　　文書の成立の真正（228Ⅰ）。

83.　　挙証者において作成者と主張された者の意思に基づいて作成されたものであること。

84.　　私文書については，本人又は代理人の署名又は押印があるときには，その成立の真正が推定されるとの規定がある（228Ⅳ）。

85.　　法律上の推定と捉え，証明責任の転換をもたらすとすれば，裁判所の自由心証（247）に対する過度の制約になりかねない。したがって，事実上の推定であると解する（法定証拠法則）。

86.　　意思に基づく署名又は押印。

（側注）

□ ___/___ 　**87.** 　**A** 　二段の推定について説明しなさい。
□ ___/___
□ ___/___

□ ___/___ 　**88.** 　**B** 　一段目の推定及び二段目の推定に対する反証となる事
□ ___/___ 　　　　　　　実の具体例について説明しなさい。
□ ___/___

87. 　本人の印鑑を他人が勝手に使用することは，通常はあり得ないという経験則が認められるから，私文書の印影が本人等の印章によって顕出されたものであるときは，反証がない限り，当該印影は本人等の意思に基づいて顕出されたものと事実上推定する（一段目の推定）。その結果，228条4項により文書全体の成立の真正が事実上推定される（二段目の推定）。

88. 　一段目の推定については，印章の盗用・冒用等。二段目の推定については，白紙の悪用・文書改ざん等。

3
訴訟の審理と進行

4 訴訟の終了

☐ __/__
☐ __/__ 1. **B** 訴えの取下げの意義，要件及び効果について説明しな
☐ __/__   さい。

☐ __/__
☐ __/__ 2. **B** 再訴が禁止される「同一の訴え」（262Ⅱ）の意義につ
☐ __/__   いて説明しなさい。

☐ __/__
☐ __/__ 3. **B** 請求の放棄及び認諾（266Ⅰ）の意義，要件及び手続に
☐ __/__   ついて説明しなさい。

☐ __/__
☐ __/__ 4. **B** 放棄・認諾調書の効力について説明しなさい。
☐ __/__

4　訴訟の終了

1. 　(1)　意義
　　　　訴えによる審判要求を撤回する旨の，裁判所に対する原告の意思表示（261
　　Ⅰ，262Ⅰ）。
　　(2)　要件
　　　　①「判決が確定するまで」になされること（261Ⅰ），②「相手方が本案に
　　ついて準備書面を提出し，弁論準備手続において申述をし，又は口頭弁論をし
　　た後にあっては，相手方の同意を得」たこと（261Ⅱ）。
　　(3)　効果
　　　　①「訴訟は，訴えの取下げがあった部分については，初めから係属していな
　　かったものとみなす」（262Ⅰ），②「本案について終局判決があった後に訴え
　　を取り下げた者は，同一の訴えを提起することができない」（262Ⅱ）。

2. 　再訴禁止効の趣旨は，取下げにより判決に至るまでの裁判所の努力を徒労に帰せ
　しめたことに対する制裁及び濫訴の防止にある。とすれば，「同一の訴え」とは，
　当事者・訴訟物たる権利関係が同一であるだけではなく，訴えの利益も同一である
　場合をいう（最判昭52.7.19）。

3. 　(1)　意義
　　　　放棄とは，原告が請求に理由がないことを認める裁判所に対する期日におけ
　　る意思表示をいう。認諾とは，被告が請求に理由があることを認める裁判所に
　　対する期日における意思表示をいう。
　　(2)　要件
　　　　①当事者が訴訟物についての係争利益を自由に処分できる場合であること，
　　②認諾（消極的確認請求の放棄も同様）によって認められることになる訴訟物
　　たる権利関係自体が，法律上存在の許されないものでないこと，又は公序良俗
　　に反するものでないこと，③請求についての訴訟要件を具備すること（最判昭
　　28.10.5，最判昭30.9.30），④（訴訟能力・）代理権が存在すること（訴訟
　　代理人がする場合には，特別の授権又は委任を要する（32Ⅱ①，55Ⅱ②））。
　　(3)　手続
　　　　放棄・認諾の陳述がなされると，裁判所は前述の要件を具備しているかどう
　　かを調査し，具備していれば裁判所書記官をして調書に記載させる（規67Ⅰ
　　①）。

4. 　「確定判決と同一の効力を有する」（267）。

□ ／
□ ／　5.　**B**　和解の意義及び要件について説明しなさい。
□ ／

□ ／
□ ／　6.　**A**　「確定判決と同一の効力」（267）に既判力が含まれるか
□ ／　　　　　　について説明しなさい。

□ ／
□ ／　7.　**B**　和解に無効・取消事由があった場合にどのような方法
□ ／　　　　　　でかかる瑕疵を争うことができるかについて，説明しな
　　　　　　　　さい。

□ ／
□ ／　8.　**B**　和解によって訴訟が終了したが，当事者が和解で定め
□ ／　　　　　　られた義務を履行しないため，一方当事者が解除した場
　　　　　　　　合，旧訴が復活するかについて説明しなさい。

□ ／
□ ／　9.　**B**　中間判決ができる場合について説明しなさい。
□ ／

5.　(1)　意義
　　　訴訟係属中に両当事者が，訴訟物をめぐる主張につき，相互に譲歩すること
　によって訴訟を全部又は一部終了させる旨の期日における合意。
　　(2)　要件
　　　ほぼ，放棄・認諾と同様であるが，請求自体につき判決と同様の効力を生じ
　る放棄・認諾と異なり，訴訟上の和解では自主的紛争処理の程度がより高いた
　め，当事者の実在・専属管轄に反しないこと以外の訴訟要件は不要である。

6.　　　請求の放棄・認諾の紛争解決機能と当事者の手続保障との調和の観点から，和解
　に実体法上の無効・取消原因がある場合には和解は無効となり，既判力を生じない
　（制限的既判力説，認諾について大判大4.12.28，放棄について大判昭19.3.14，
　和解について最判昭33.6.14など）。

7.　　　①旧訴の訴訟状態・訴訟資料をそのまま利用でき，和解の瑕疵について当該和解
　裁判所自身が審理できた方が便宜な場合もある一方，②審級の利益を確保する必要
　もあることから，①期日指定の申立てをし，旧訴を続行するか，②別訴（和解無効
　確認の訴えや請求異議の訴え）提起のいずれかを選択することができると解する（期
　日指定の申立てについて，最判昭33.6.14，和解無効確認の訴えについて，大判大
　14.4.24，請求異議の訴えについて，大判昭14.8.12）。

8.　　　解除の有効・無効は和解自体に生じる瑕疵ではないため，新たな紛争であり，和
　解に無効原因等がある場合と異なり，新たな期日指定の申立てをするメリットは少
　ない。したがって，旧訴は復活せず，新訴を提起してその中で和解の解除の効力を
　争うべきである（最判昭43.2.15）。
　　　cf.判例は期日指定の申立ての方法と，新訴提起の方法を選択的に認めているの
　　　ではないかという評価がある。例えば，無断増改築を理由とする賃貸借契約の
　　　終了を原因として建物退去土地明渡請求をした場合において，同建物を明け渡
　　　すことを条件として，新たに別の建物に関する賃貸借契約を締結するという内
　　　容の和解が行われたところ，原告が新たな賃貸借契約について，賃料不払を理
　　　由とする和解の解除を主張する場合，前訴の内容とは別個の新たな紛争である
　　　から，新訴提起の方法によるべきである。他方，貸金返還請求訴訟において，
　　　被告が分割弁済をする旨の和解が行われたところ，被告が弁済期日になっても
　　　分割弁済をしないため，原告が和解を解除する場合，従前の紛争が形を変えて
　　　継続しているにすぎないから，従前の訴訟状態を利用し，旧訴を続行すべきで
　　　ある。

9.　　　①独立した攻撃又は防御の方法，②その他中間の争い（245前段），③請求の原
　因及び数額について争いがある場合におけるその原因（245後段）について，裁判
　をするのに熟したとき

□ / □ / □ /	**10.**	**B**	中間判決と終局判決の共通点及び相違点について説明しなさい。

□ / □ / □ /	**11.**	**B**	判決の更正と判決の変更について説明しなさい。

□ / □ / □ /	**12.**	**B**	確定判決の効力について説明しなさい。

□ / □ / □ /	**13.**	**A**	既判力（114）の意義及び趣旨について説明しなさい。

□ / □ / □ /	**14.**	**B**	形成判決に既判力が発生するかについて説明しなさい。

□ / □ / □ /	**15.**	**B**	訴訟判決に既判力が発生するかについて説明しなさい。

10. (1) 共通点
　　　　①中間判決をすると，その審級の裁判所は中間判決の主文で示した判断に拘束され，その判断を前提として終局判決をしなければならない（自己拘束力又は自縛力），②当事者は，その判断を争うために中間判決の直前の口頭弁論期日終結時（中間判決の基準時）までに提出できた攻撃防御方法はその後の口頭弁論で提出できなくなる。
　　　(2) 相違点
　　　　①中間判決には，既判力も執行力も生じない，②中間判決に対しては独立の上訴は認められないため，（281Ⅰ参照），終局判決を待って，終局判決に対する上訴によって上級審の判断を受ける（283本文）。

11. 　判決の更正は，判決書に計算違い，誤記その他これに類する表現上の誤りがあり，かつその誤りが明白であるときに，決定で行う（257Ⅰ）。判決の変更は，判決をした裁判所が自ら法令の違反があることを発見して，その判決の判断内容を変更することをいい，①判決に法令の違反があること，②言渡し後1週間以内であり，かつ，判決が未確定であること，③判決の変更をするために口頭弁論をする必要がないことの3要件を満たす場合に限り，許される（256）。

12. 　形式的確定力（当事者が当該手続内で判決の取消しを求めて争うことができなくなった状態），内容的確定力（既判力，執行力，形成力，参加的効力）。

13. (1) 意義
　　　確定判決の判断内容に与えられる通用性ないし拘束力
　　　(2) 趣旨
　　　紛争の終局的解決，手続保障を前提とする自己責任

14. 　形成権又は形成原因が基準時に存在していたことを確定する必要があるから，既判力が発生する。

15. 　訴訟要件がないとして訴えが却下された後，同一の状況のもとでされる再訴を封ずるためには，訴訟判決にも既判力を肯定する実益があるから，既判力が発生する。なお，既判力は個々の訴訟要件ごとに生じるが，訴訟能力や訴訟代理権は提訴行為の有効性に関わるものであり，訴えごとに判断しなければならないから，既判力を論ずる実益がない。

4 訴訟の終了

☐ ___/___	16. **A**	既判力の作用について説明しなさい。
☐ ___/___		
☐ ___/___		

☐ ___/___	17. **B**	既判力の法的性質について説明しなさい。
☐ ___/___		
☐ ___/___		

☐ ___/___	18. **A**	既判力が及ぶ場合について説明しなさい。
☐ ___/___		
☐ ___/___		

☐ ___/___	19. **B**	既判力の基準時について説明しなさい。
☐ ___/___		
☐ ___/___		

☐ ___/___	20. **B**	既判力の遮断効について説明しなさい。
☐ ___/___		
☐ ___/___		

16. (1) 積極的効力
    前訴で確定した権利関係の存否の判断の後訴裁判所に対する内容的拘束力であって，これと矛盾抵触する判断を禁止する効力。
  (2) 消極的効力
    積極的効力の反射としてこれに反する当事者の主張や抗弁を排斥するという遮断効（消極的作用）。

17. 訴訟法説＝後訴裁判所に対する前訴判決の訴訟法上の拘束力であると捉える。
   実体法説＝確定判決を実体法上の法律要件事実の一種として捉え，判決に基づいて実体権利関係が変更されるとする。

18. ①後訴の訴訟物が前訴の訴訟物と同一である場合，②後訴の訴訟物が前訴の訴訟物を先決関係として定まる場合，③後訴の訴訟物が前訴の訴訟物と矛盾対立関係にある場合。

19. ①当事者は事実審の口頭弁論終結時まで事実に関する資料を提出することができ，②裁判所は，この時点までに提出された資料を基礎として終局判決をする（132 I，156，247，297参照）。したがって，既判力は，この「事実審の最終口頭弁論終結時」における権利関係の存否につき生じる（民執35 II参照）。

20. 基準時前に既に存在していた事由（基準時における判断に矛盾するものだけに限る）については，当事者は後訴でこの事由を提出して争うことは許されず，主張や抗弁は排斥される。他方，基準時後に成立した事由は，既判力に抵触しないから，遮断効を生じず，後訴（ex. 請求異議の訴え）で争える（民執35 II）。

4
訴訟の終了

□ _/_		**21.**	**A** 前訴の口頭弁論終結前に存在した事由に基づき，形成権を行使することは,前訴の既判力に反しないか。取消権,解除権，相殺権，建物買取請求権に分けて説明しなさい。
□ _/_			
□ _/_			

□ _/_		**22.**	**B** 既判力の客観的範囲について説明しなさい。
□ _/_			
□ _/_			

□ _/_		**23.**	**A** 114条2項の「既判力を有する」の具体的内容について，反対債権が不存在の場合と反対債権が存在する場合に分けて説明しなさい。
□ _/_			
□ _/_			

21. (1) 取消権
　　　取消権は訴求債権自体に関する瑕疵であるから前訴の口頭弁論終結時までに主張することができた抗弁事由であること，より重大な瑕疵である当然無効の事由も既判力によって遮断されることとの均衡から，既判力に反する（最判昭55.10.23）。
(2) 解除権
　　A説＝取消権と同様に考える。
　　B説＝前訴原告（債権者）側の解除については，債権者には本来の履行を請求するか，解除権を行使して原状回復を求めるのか，の選択権が保障されており，前訴で解除権行使が強制されるような実体法上の地位にないこと，解除を主張される相手方の利益は，民法547条の解除権行使に対する催告権等で保障されていることから，前訴原告側の解除は，既判力に反しない。他方，前訴被告（債務者）側の解除については，債務者は前訴原告たる債権者の請求を拒否するために解除権を行使すべき実体法上の地位にあるから，前訴被告側の解除は，既判力に反する。
(3) 相殺権
　　　訴求債権それ自体の瑕疵ではなく，反対債権と訴訟物たる訴求債権についての紛争は本来別個の紛争であるから，相殺をするか否かは相殺権者の自由に委ねられ，双方について一挙に決着をつけることを強いるのは無理であること，自己の債権が消滅する結果を生じる相殺は，いわば最後の手段であり，前訴の口頭弁論終結時までにその行使を期待するのは困難であることから，既判力に反しない（最判昭40.4.2）。
(4) 建物買取請求権
　　　相殺と同様の議論が妥当する（最判平7.12.15）。

22. 「判決主文に包含されるもの」（114Ⅰ），すなわち訴訟物の範囲（通説）。「相殺のために主張した請求の成立又は不成立の判断」について，「相殺をもって対抗した額」（114Ⅱ）。

23. (1) 反対債権が不存在の場合（相殺の抗弁が排斥された場合）
　　　考えられる後訴は単純に反対債権そのものの訴求しかあり得ないため，反対債権の基準時における不存在について既判力が生じる（争いなし）。
(2) 反対債権が存在する場合
　　　原告が反対債権が初めから存在しなかったとして不当利得返還請求や損害賠償請求をすることは，訴求債権の不存在という判決主文の判断に生じる既判力で封じることができる。また，被告が原告の債権は別な理由で不存在であったと主張して，不当利得返還請求や損害賠償請求をすることは，反対債権の不存在という判決理由中の判断に生じる既判力で封じることができる。したがって，反対債権が基準時において存在しないことにつき既判力を生じると解すれば足りる（通説）。

□ / □ / □ /	24. B	争点効（同一の争点を主要な先決問題とした異別の後訴請求の審理において，その判断に反する主張立証を許さず，これと矛盾する判断を禁止する効力）は明文がないが，このような一般的な効力を認めてよいかについて説明しなさい。
□ / □ / □ /	25. B	既判力の主観的範囲について説明しなさい。
□ / □ / □ /	26. B	法人格否認の法理を用いることにより，背後者に対して既判力を拡張することができるかについて説明しなさい。
□ / □ / □ /	27. B	法人格否認の法理における背後者が第三者異議の訴えを提起して強制執行の不許を求めることが許されるかについて説明しなさい。
□ / □ / □ /	28. B	執行を免れる目的で債務者のためのみに登記を保持している登記名義人に対して既判力は及ぶかについて説明しなさい。
□ / □ / □ /	29. B	債権者が債務者の第三債務者に対する債権を代位行使した場合，その判決の既判力は無限定に債務者に及ぶのかについて説明しなさい。
□ / □ / □ /	30. B	「口頭弁論終結後の承継人」（115 I ③）の意義について説明しなさい。

24. 当事者の自由な訴訟活動，裁判所の弾力的な審理を阻害すること，要件が不明確であり，訴訟法律関係を不安定なものにするおそれがあること，当事者が判決理由中の判断に拘束力を及ぼそうとするのであれば，中間確認の訴え（145）により既判力を得ることができること，結論の妥当性を欠く場合には，個別具体的な事案に応じ，訴訟上の信義則（2）を適用すれば足りることから，争点効は認められない（最判昭44.6.24）。

25. ①「当事者」（115Ⅰ①），②「当事者が他人のために原告又は被告となった場合のその他人」（115Ⅰ②），③「前2号に掲げる者の口頭弁論終結後の承継人」（115Ⅰ③），④「前3号に掲げる者のために請求の目的物を所持する者」（115Ⅰ④）。

26. 判決効の拡張を受ける者の手続保障に配慮する必要があること，訴訟手続の安定性・画一性を保つ必要があること，115条は法人格が否認される場合を規定していないことから，既判力は拡張されない（最判昭53.9.14）。

27. 第三者異議の訴えは執行力が及ばないことを異議事由とするのではなく，強制執行による侵害を受任すべき地位にないことを異議事由とするものである。したがって，背後者が第三者異議の訴えを提起して強制執行の不許を求めることは許されない（最判平17.7.15）。

28. 115条1項1号説＝「当事者」に準じるものとして，既判力は及ぶと解する。
115条1項4号説＝請求の目的物の所持者の概念を拡張することにより，既判力は及ぶと解する（大阪高判昭46.4.8）。

29. 文理上，「確定判決」とあるのみで，勝訴・敗訴を区別していないこと，第三債務者の応訴の煩の観点から，無限定に及ぶ（大判昭15.3.15）。もっとも，被保全債権が不存在の場合，被保全債権の存在は理由中の判断であり，既判力が生じないこと，代替的手続保障に欠け，判決効を拡張すべきではないことから，既判力は及ばない（大阪地判昭45.5.28）。

30. 適格承継説＝当事者適格を当事者から伝来的に取得した者
紛争地位主体説＝訴訟物について当事者適格ないし紛争主体たる地位を承継した者
依存関係説＝訴訟物たる権利関係，その基礎となっている権利関係又は訴訟物たる権利関係から派生する権利関係を承継した者（実体法上の依存関係がある者）

4
訴訟の終了

31.　**B**　　固有の抗弁を有するものが「口頭弁論終結後の承継人」
（115 I ③）に当たるかについて説明しなさい。

32.　**A**　　反射効（当事者間に確定判決の既判力が生じる場合に，
その当事者と実体法上依存関係にある第三者に，反射的
に影響を及ぼす効力）は認められるのかについて説明し
なさい。

31. 　実質説（最判昭48.6.21）＝当該承継人に，固有の抗弁まで含めてその実体法上
　　　の地位を実質的に審査し，第三者に固有の抗弁がある場合には，口頭弁論終結
　　　後の承継人には該当しない。
　　　形式説（多数説）＝口頭弁論終結後の承継人に当たることのみをもって，形式的
　　　に承継人には既判力が及ぶが，当該承継人は後訴において基準時後の事由とし
　　　てその固有の抗弁を提出できる。

32. 　既判力の拡張と同視できる効果を発生させるには明文ある場合に限るべきである
　　　こと，手続保障の観点から問題があることから，反射効は認められない（最判昭
　　　51.10.21）。もっとも，合理的必要性があり，第三者に十分な手続保障がある場合
　　　には，既判力の拡張が認められる。

5　請求・当事者の複数〜上訴・再審

☐　/
☐　/　**1.**　Ⓑ　請求の原始的複数（固有の訴えの客観的併合）の意義
☐　/　について説明しなさい。

☐　/
☐　/　**2.**　Ⓑ　請求の客観的併合の要件について説明しなさい。
☐　/

☐　/
☐　/　**3.**　Ⓑ　請求の客観的併合の態様について説明しなさい。
☐　/

☐　/
☐　/　**4.**　Ⓑ　第一審が主位的請求を棄却し，予備的請求を認容した
☐　/　のに対し，被告のみが控訴した場合（なお，原告は控訴
も附帯控訴もしていない），上訴審で主位的請求認容の判
決を下すことはできるかについて説明しなさい。

☐　/
☐　/　**5.**　Ⓑ　第一審が主位的請求を認容したのに対し，被告が控訴
☐　/　した場合，上訴審で予備的請求認容の判決を下すことは
できるかについて説明しなさい。

☐　/
☐　/　**6.**　Ⓑ　訴えの変更の意義について説明しなさい。
☐　/

5 請求・当事者の複数〜上訴・再審

1.　　原告が当初から複数の請求を併合して訴えを提起する場合（固有の訴えの客観的併合）。

2.　　①「数個の請求」が「同種の訴訟手続」によって審判されるものであること（136），②請求の併合が禁止されていないこと，③各請求について受訴裁判所に管轄権があること（13）。

3.　　(1)　単純併合（並列的併合）
　　　　相互に両立し得る複数の請求を並列的に併合し，そのすべてにつき判決を求める場合。
　　　(2)　選択的併合
　　　　数個の請求のうちその一つが認容されれば訴訟を提起した目的が達成される場合，選択的にいずれか一つが認容されれば他の請求についての審理を求めないとして，数個の請求を併合する態様（一つの請求の認容を解除条件とする複数請求の併合）。
　　　(3)　予備的併合
　　　　法律上相互に両立し得ない数個の請求に順位を付けて，第一順位の請求（主位的請求）が認容されなければ次順位の請求（予備的ないし副位請求）の認容を求めるという形の併合（相互に両立しない，主位的請求の認容を解除条件とする予備請求の併合）。

4.　　不利益変更禁止原則に触れること，原告の救済は釈明によれば足りることから，被上訴人が控訴又は附帯控訴しない限り，主位的請求の認容はできない（最判昭58.3.22）。したがって，原告が釈明に応じない場合には，原判決を取り消し，予備的請求棄却の判決を下すことになる。

5.　　両請求には密接な関係があり，実質的には予備的請求についても審理済みであるから，審級の利益を害しないため，主位的請求棄却・予備的請求認容の判決を下すことができる（最判昭33.10.14）。

6.　　訴訟係属後に，原告が，当初からの手続を維持しつつ，当初の審判対象（請求の趣旨又は狭義の請求原因）を変更すること。

| | | 7. | **B** | 訴えの変更の態様について説明しなさい。 |

| | | 8. | **A** | 訴えの変更の要件である「請求の基礎の同一性」の判断基準について説明しなさい。 |

| | | 9. | **B** | 訴えの変更の要件である「請求の基礎の同一性」が不要となる場合について説明しなさい。 |

| | | 10. | **B** | 反訴の意義について説明しなさい。 |

| | | 11. | **B** | 反訴の種類（二つ）について説明しなさい。 |

| | | 12. | **B** | 反訴の要件である「本訴の目的である請求又は防御の方法と関連する」（146Ⅰ本文）の意義について説明しなさい。 |

| | | 13. | **B** | 控訴審における反訴の要件について説明しなさい。 |

7. (1) 請求の追加的変更
    当初の請求を維持しつつ新請求についても審判を求める場合
  (2) 請求の交換的変更
    従来の請求に代えて新請求につき審判を求める場合。請求の交換的変更は，訴えの追加的変更と訴えの取下げ又は請求の放棄との組合せにすぎない（最判昭32.2.28，最判昭38.1.18，最判昭41.1.21。ただし，請求の放棄であれば，放棄調書が作成されなければならないため，通常は取下げの趣旨であるとされている）。なお，被告が新請求に異議なく応訴した場合には，旧請求の取下げに同意したものと推定される（最判昭41.1.21）。

8. 両請求の主要な争点が同一であって，旧請求の訴訟資料や証拠資料を新請求の審理に利用することが期待できる関係にあり（訴訟法的観点），かつ両請求の利益主張が社会生活上同一又は一連の紛争に関する場合（実体法的観点）。

9. かかる要件が要求される趣旨は被告保護であるから，①被告の同意・応訴がある場合，②被告の防御方法の基礎事実に立脚して変更する場合（最判昭39.7.10）には請求の基礎の同一性の要件は不要となる。

10. 係属中の本訴の手続内で，関連する請求につき被告（反訴原告）が原告（反訴被告）に対して提起する訴え。

11. (1) 単純反訴
    本訴請求についての裁判内容を条件とせずに，反訴請求の審判を求めるもの。
  (2) 予備的反訴
    本訴請求について棄却又は却下の判決がされることを解除条件とするもの。手続内で条件成就が明確になるから，条件を付することが許されるが，弁論の分離・一部判決は禁じられる。

12. 「本訴の目的である請求…と関連する」とは，反訴請求が本訴請求の内容又は発生原因において法律上又は事実上共通点を有することをいい，「本訴の…防御方法と関連する」とは，反訴請求が本訴請求に対する抗弁事由とその内容又は発生原因において法律上又は事実上共通点を有することをいう。

13. 控訴審における反訴については，相手方の手続保障のため，相手方の同意が必要（300）。ただし，反訴請求と関連する事項について第一審裁判所で審判がなされた場合には，相手方の同意は不要（最判昭38.2.21）。

| | | 14. | **B** | 民法202条2項は，占有の訴えにおいて本権に関する理由に基づいて裁判することを禁じているが，本訴請求が占有の訴えである場合，本権に基づく反訴請求との間に関連性を認められるかについて説明しなさい。 |

| | | 15. | **B** | 反訴が反訴要件を欠く場合，反訴をどのように扱うべきかについて説明しなさい。 |

| | | 16. | **B** | 中間確認の訴えの意義，要件及び手続について説明しなさい。 |

| | | 17. | **B** | 通常共同訴訟の意義及び要件について説明しなさい。 |

| | | 18. | **B** | 共同訴訟人独立の原則（39）について説明しなさい。 |

14. 　旧法下と異なり，現行法上は，占有訴訟と本権訴訟の併合を禁ずる規定はないこと，民法202条2項は防御方法の提出を制限したにすぎず，反訴の提起を禁じる条項は存在しないこと，反訴を認めた方が，被告の便宜，訴訟経済に資することから，関連性は認められる（最判昭40.3.4）。なお，その後の処理としては，本訴はそのまま請求認容し，反訴は，将来給付の訴えとして請求認容する（一部認容）といった解決方法が考えられる。

15. 　訴え提起の方式は要式行為であるから，安易に反訴提起の手続をもってこれに代えることはできない。よって，反訴を却下すべきである（最判昭41.11.10）。

16. (1) 意義
　　訴訟係属中に，当該請求の当否の判断の先決関係たる権利・法律関係の存否につき，原告又は被告が追加的に提起する確認訴訟。訴えの変更や反訴の一種である。
(2) 要件
　　①「裁判が訴訟の進行中に争いとなっている法律関係の成立又は不成立に係る」こと（145Ⅰ本文），②「その確認の請求が他の裁判所の専属管轄（当事者が第11条の規定により合意で定めたものを除く。）に属するとき」でないこと（145Ⅰただし書），③請求の併合の一般的要件を具備すること。
(3) 手続
　　①「書面でしなければならない」（145Ⅳ，143Ⅱ），②かかる「書面は，相手方に送達しなければならない」（145Ⅳ，143Ⅲ）。

17. (1) 意義
　　本来個別に訴訟を提起し審判され得る数個の請求につき便宜上共同訴訟とすることが認められる場合であり，全員が共同で訴え又は訴えられる必要性も判決の合一確定の必要性もない場合。
(2) 要件
　　①「訴訟の目的である権利又は義務が数人について共通であるとき，又は同一の事実上及び法律上の原因に基づくとき」，「訴訟の目的である権利又は義務が同種であって事実上及び法律上同種の原因に基づくとき」（38），②客観的併合要件（136），③一般の訴訟要件。

18. 　「共同訴訟人の1人の訴訟行為，共同訴訟人の1人に対する相手方の訴訟行為及び共同訴訟人の1人について生じた事項は，他の共同訴訟人に影響を及ぼさない」という原則。

5
請求・当事者の複数・上訴・再審

		19.	**A**	共同訴訟人間で主張共通及び証拠共通が認められるか
				について説明しなさい。

		20.	**B**	共同訴訟人間の主張共通に関して，当然の補助参加の

理論（当然に補助参加をしたのと同様の関係を認めるべきであるとし，これにより主張共通が認められるとするもの）が認められるかについて説明しなさい。

		21.	**B**	同時審判申出訴訟の意義，趣旨，要件，効果及び訴訟

形態について説明しなさい。

		22.	**B**	「法律上並存し得ない」（41）紛争の具体例を説明しな

さい。

19. (1) 主張共通

主張共通を認めることは弁論主義に正面から反する。したがって，主張共通は認められない（最判昭43.9.12）。

(2) 証拠共通

自由心証主義（247）の下では，歴史的に一つしかない事実については，その認定判断（心証）も一つしかあり得ないため，証拠共通は認められる（最判昭45.1.23）。

20. いかなる関係があるときに，このような効果を認めるかに関して明確な基準を欠き，かえって訴訟を混乱させる原因ともなりかねないこと，共同訴訟人が自分の利益を擁護するため他の共同訴訟人に自らの主張の効果を及ぼしたいときは，補助参加の申出や訴訟告知によれば足りるし，自ら他の共同訴訟人の提出した抗弁に基づく訴訟上の利益を受けたいときは，同一の主張をするか当該抗弁を援用すればよいことから，当然の補助参加の理論は認められない（最判昭43.9.12）。

21. (1) 意義

弁論及び裁判の分離を禁止する同時審判の申出のある共同訴訟。共同被告の一方に対する訴訟の目的である権利と共同被告の他方に対する訴訟の目的である権利とが法律上併存し得ない関係にある共同訴訟において，原告の申出があったときは，裁判所は弁論及び裁判を分離することが禁じられるとする。

(2) 趣旨

相矛盾した理由による両負けの危険の回避。

(3) 要件

①「共同被告の一方に対する訴訟の目的である権利と共同被告の他方に対する訴訟の目的である権利とが法律上併存し得ない関係にある」こと（41Ⅰ），②「原告の申出」があること（41Ⅰ），③かかる申出が，「控訴審の口頭弁論の終結の時までに」なされたこと（41Ⅱ）。

(4) 効果

①「弁論及び裁判は，分離しないでしなければならない」（41Ⅰ），②「共同被告に係る控訴事件が同一の控訴裁判所に各別に係属するときは，弁論及び裁判は，併合してしなければならない」（41Ⅲ）。

(5) 訴訟形態

通常共同訴訟

22. ①工作物責任（民717）における占有者と所有者の責任，②本人に対する表見代理の主張と無権代理人の責任の追及

5
請求・当事者の複数・上訴・再審

☐ /		
☐ /	**23.** **A**	主観的予備的併合が認められるかについて説明しなさい。
☐ /		

☐ /		
☐ /	**24.** **B**	必要的共同訴訟の意義，類型，趣旨及び審判の原則について説明しなさい。
☐ /		

☐ /		
☐ /	**25.** **B**	固有必要的共同訴訟の意義及び趣旨について説明しなさい。
☐ /		

☐ /		
☐ /	**26.** **A**	固有必要的共同訴訟と通常共同訴訟の区別の判断基準（「訴訟の目的が共同訴訟人の全員について合一にのみ確定すべき場合」（40Ⅰ）に当たるか否か）について説明しなさい。
☐ /		

23.　　予備的被告はその地位が不安定であること，通常共同訴訟である以上，共同訴訟人独立の原則（39）により，各共同訴訟人，あるいはこれに対する請求は別個に上訴の対象となるので，裁判の統一が必ずしも保障されないこと，被告複数の場合には，同時審判申出訴訟を活用すれば足りることから，主観的予備的併合は認められない（最判昭43.3.8）。

24.　⑴　意義
　　　　共同訴訟人全員について一挙一律に紛争の解決を図ることが要請される場合の共同訴訟形態。
　　⑵　類型
　　　　固有必要的共同訴訟と，類似必要的共同訴訟とがある。
　　⑶　趣旨
　　　　裁判の矛盾回避，紛争の統一的解決（合一確定の要請）。
　　⑷　審判の原則
　　　　①「共同訴訟人の…1人の訴訟行為は，全員の利益においてのみその効力を生ずる」（40Ⅰ），②「共同訴訟人の1人に対する相手方の訴訟行為は，全員に対してその効力を生ずる」（40Ⅱ），③「同訴訟人の1人について訴訟手続の中断又は中止の原因があるときは，その中断又は中止は，全員についてその効力を生ずる」（40Ⅲ），④合一確定の要請から，弁論の分離（152）や一部判決（243）は解釈上認められない。

25.　⑴　意義
　　　　訴訟物に利害関係を有する一定範囲の者がすべて共同訴訟人となって初めて当事者適格が認められる共同訴訟
　　⑵　趣旨
　　　　重複審理の回避（訴訟経済），判決の矛盾回避，当事者適格者全員の訴訟関与確保という手続保障の実現（類似必要的共同訴訟との違い）

26.　　民事訴訟は実体法上の権利の存否を判断することにより紛争を解決する手段であるから，第一次的には訴訟物たる権利関係に関する管理処分権が実体法上共同的に帰属するか否かによって決すべきである（実体法的視点）。もっとも，紛争解決の実効性（紛争の一回的解決の要請）や，判決の矛盾回避の可能性，当事者となっていない利害関係人の地位，手続の進行状況などの訴訟手続上の政策的考慮要因も加味すべきである（訴訟法的観点）。そこで，固有必要的共同訴訟か否かを判断する際には，実体法的視点に加えて，訴えの提起が容易かなどの訴訟法的視点も加味して判断すべきである。

| | | 27. | B | 固有必要的共同訴訟において，共同訴訟人の1人が単独で訴えを取り下げることができるかについて説明しなさい。 |

□ ／
□ ／
□ ／

□ ／　28.　B　固有必要的共同訴訟において，共同訴訟人が同調しない場合どのように対処すべきか説明しなさい。
□ ／
□ ／

□ ／　29.　B　類似必要的共同訴訟の意義及び要件について説明しなさい。
□ ／
□ ／

□ ／　30.　B　共同訴訟参加の意義について説明しなさい。
□ ／
□ ／

□ ／　31.　B　共同訴訟参加の要件である「訴訟の目的が当事者の一方及び第三者につき合一にのみ確定すべき場合」（52Ⅰ）の意義について説明しなさい。
□ ／
□ ／

□ ／　32.　B　共同訴訟参加の訴訟形態について説明しなさい。
□ ／
□ ／

□ ／　33.　B　明文なき主観的追加的併合が認められるかについて説明しなさい。
□ ／
□ ／

27. 　訴えの主観的一部取下げは，本来不可分であるべき訴訟物の一部を分離すること
を意味するものである。また，主観的一部取下げを有効とすると，残余の当事者間
の訴訟は当事者適格を欠く不適法なものとして却下を免れなくなり，これらの者の
訴訟上の利益を害することになる。さらに，原告が複数の場合，訴えの取下げは有
利な行為とはいえない（40Ⅰ）ということもできる。したがって，単独で訴えを
取り下げることはできない（原告複数の場合について，最判昭46.10.7，被告複数
の場合について，最判平6.1.25）。

28. 　当事者全員が原告又は被告として関与しているのであれば，常に全員が原告にな
ることが求められているわけではないため，手続保障にもとるところはない。また，
共有関係にある場合，民事訴訟を通じて権利の存否を確定する必要があり，権利の
存在を主張する共有者の訴権は保護されなければならない。したがって，非同調者
以外の者は，非同調者を被告に加えて訴えを提起することができる（最判平
11.11.9，最判平20.7.17）。

29. 　(1)　意義
　　　全員が共同訴訟人として訴えを提起することが不可欠であるわけではなく，
　　一部の者のみで訴えを提起することも許されるが，各共同訴訟人と相手方当事
　　者間に訴訟が係属した以上は，合一確定の必要の故に個別訴訟は許されず，必
　　要的共同訴訟の審判の原則（40）が適用される共同訴訟
　(2)　要件
　　　共同訴訟人の1人の受けた判決の既判力が他の共同訴訟人に及ぶ場合（既判
　　力拡張の場合）

30. 　他人間の訴訟係属中，その訴訟の判決の効力を受け当事者適格を有する第三者が，
別訴を提起しないで一方当事者の共同訴訟人として参加すること。

31. 　もし，その第三者が共同原告又は共同被告であったならば，類似必要的共同訴訟
となるであろう場合。すなわち，その第三者も当該訴訟につき当事者適格を有し，
かつ自ら訴え又は訴えられなくても判決の効力を受ける場合。

32. 　類似必要的共同訴訟となる。

33. 　旧訴訟の訴訟状態を利用できるかは疑問であること，訴訟を複雑化させること，
軽率な提訴，濫訴，併合の時期いかんでは訴訟遅延のおそれがあること，別訴提起
と弁論の併合によって同様の目的を達し得ることから，認められない（最判昭
62.7.17）。

☐ ／____
☐ ／____
☐ ／____ **34.** B 独立当事者参加の意義及び要件について説明しなさい。

☐ ／____
☐ ／____
☐ ／____ **35.** B 権利主張参加（47Ⅰ後段）の要件である「訴訟の目的の全部若しくは一部が自己の権利である」の意義について説明しなさい。

☐ ／____
☐ ／____
☐ ／____ **36.** B 独立当事者参加の態様について説明しなさい。

☐ ／____
☐ ／____
☐ ／____ **37.** B 独立当事者参加の効果について説明しなさい。

☐ ／____
☐ ／____
☐ ／____ **38.** B 上告審において差戻しを求めてする独立当事者参加は適法かについて説明しなさい。

☐ ／____
☐ ／____
☐ ／____ **39.** B 独立当事者参加訴訟における二当事者間の和解の有効性について説明しなさい。

☐ ／____
☐ ／____
☐ ／____ **40.** B 所有権移転登記抹消登記手続請求訴訟に，その目的不動産に競売開始決定を得ている債権者が被告（競売債務者）の所有権の確認を求めて参加する場合（最判昭42.2.23），詐害防止参加の要件（「訴訟の結果によって権利が害されることを主張する第三者」（47Ⅰ前段））を満たすかについて説明しなさい。

34. (1) 意義
　　　第三者が独立の当事者として，訴訟の原告及び被告の双方又は一方に対し，自分の請求を立てて訴えを提起し，原告の請求と同一の手続で，同時にかつ矛盾のない判決を求める訴訟形態。
　　(2) 要件
　　　①「訴訟の結果によって権利が害されることを主張する第三者」(詐害防止参加，47Ⅰ前段)，又は②「訴訟の目的の全部若しくは一部が自己の権利であることを主張する第三者」(権利主張参加，47Ⅰ後段)。

35. 本訴請求と参加人の請求が論理的に両立し得ない関係にある場合。

36. 当事者双方に対し，請求を定立する場合（原則形態）のみならず，当事者の一方に対し，請求を定立する場合（片面的独立当事者参加）も可。

37. 必要的共同訴訟の審判の原則（40）を準用（47Ⅳ）。

38. 法律審たる上告審においては参加人の請求の当否の審判ができないし，下級審において攻撃防御を展開して敗訴したわけでもなく上告の利益もない。したがって，違法である（最判昭44.7.15）。

39. 独立当事者参加の趣旨は，三者間において矛盾なき統一的な判断を行うことにあるから，和解内容にかかわらず一律に無効である（仙台高判昭55.5.30，東京高判平3.12.17）。

40. 判決効説＝本訴訟の判決効が第三者に及ぶことによってその権利が害される場合に限定する。したがって，要件を満たさない。
　　権利侵害説＝第三者の権利・法的地位が他人間の訴訟の訴訟物たる権利関係の存否と論理関係があるため詐害判決によって事実上影響される場合にも参加の理由を認める。したがって，要件を満たす。
　　詐害意思説＝当事者がその訴訟を通じ参加人を害する意思をもつと客観的に判断される場合に参加の理由を認める。したがって，要件を満たすかは具体的事案により判断される。

5
請求・当事者の複数・上訴・再審

□ ／
□ ／ **41.** **B**　Xが Y に対して所有権確認の訴えを提起したところ，
□ ／　その物が自己の所有物であると主張する Z がこの訴訟に
独立当事者参加し，XとY に対して，その物が Z の所有
に属することの確認の訴えを提起した。第一審裁判所が
目的物は Z の所有物であると認定して，X の請求を棄却
し，Z の請求を認容した。この判決に対して，Yのみが
控訴し，控訴審裁判所が Y の主張を認めた場合，Z の X
に対する請求を認容した部分についてはいかなる判決を
下すべきか。⑴審判対象の範囲，⑵他方敗訴者の地位，
⑶不利益変更禁止の原則（304）との関係に分けて説明し
なさい。

□ ／
□ ／ **42.** **B**　Yは，X社の株主として，他の株主 Z と共同して株主
□ ／　代表訴訟を提起したところ，第一審で被告勝訴の判決が
下されたことを受けて，Yのみが上訴した。この事例に
おいて，Yの上訴の効力が他の株主に及ぶかについて，
⑴訴訟形態の問題，⑵原判決の確定遮断，移審効の生じ
る範囲の問題，⑶上訴人の範囲の問題に分けて説明しな
さい。

□ ／
□ ／ **43.** **B**　訴訟脱退の意義及び要件について説明しなさい。
□ ／

41.　⑴について
　　　合一確定の要請（47Ⅳ，40）から，敗訴者の一方だけが上訴することによって，全員の請求について判決の確定が遮断され（116Ⅱ），全請求が上訴審に移審し（規174参照），自ら上訴しない他方の敗訴者も上訴審の当事者となる（最判昭43.4.12，最判昭48.7.20）。
　　⑵について
　　　不服のない者を上訴人とするのは当事者の意思に反するから，被上訴人の地位に立つ（40Ⅱ準用説，最判昭50.3.13）。
　　⑶について
　　　三面訴訟においては，上訴審での合一確定のため必要な限度で不利益変更禁止の原則は修正され，上訴しなかった者の敗訴部分もその者の有利に変更し得る。したがって，裁判所が上訴人（Y）の主張を認めてZのYに対する請求を棄却する場合には，これと論理的に矛盾するZのXに対する請求についても，原判決を取り消して参加人に不利に変更することができる。

42.　⑴について
　　　株主代表訴訟（会社847）については，法定訴訟担当者たる適格者相互間に直接に判決の効力が拡張される訳ではないが，本人たる被担当者（会社）に拡張され（115Ⅰ②），その反射的効果として，他の適格者に拡張されるため，類似必要的共同訴訟となる（最判平12.7.7）。
　　⑵について
　　　合一確定の要請から，共同訴訟人全員に及ぶ。
　　⑶について
　　　既に訴訟を追行する意思を失った者に対し，その意思に反してまで上訴人の地位に就くことを求めることは相当でない。また，株主各人の個別的な利益が直接問題となっているものではないため，提訴後に共同訴訟人たる株主の数が減少しても，その審判の範囲，審理の態様，判決の効力等には影響がない。したがって，上訴をしなかった者は上訴人の地位に就かない。

43.　⑴　意義
　　　第三者の独立当事者参加を契機として，従来の原告・被告のいずれかが，相手方当事者の同意を得て，訴訟から脱退すること。
　　⑵　要件
　　　①「自己の権利を主張するため訴訟に参加した者がある」こと，②「相手方の承諾を得」ること（48前段）。
　　　cf.参加人の同意の要否については争いがあり，不要とするのが大判昭11.5.22。

☐ /	**44.** **B**	独立当事者参加訴訟において訴えを取り下げるのに参
☐ /		加人の同意を要するかについて説明しなさい。
☐ /		

☐ /	**45.** **A**	訴訟脱退がなされた場合，いかなる「判決」の「効力」(48
☐ /		後段) が生じるかについて説明しなさい。
☐ /		

☐ /	**46.** **B**	補助参加の意義及び要件について説明しなさい。
☐ /		
☐ /		

☐ /	**47.** **B**	「訴訟の結果」(42) の意義について説明しなさい。
☐ /		
☐ /		

☐ /	**48.** **B**	「利害関係」(42) の意義について説明しなさい。
☐ /		
☐ /		

44.　　参加人の三者間の紛争を一挙に合一的に確定させようとする利益を無視するのは妥当ではない。また，原告が訴えを取り下げた後，参加人を除外して改めて詐害判決を取得する危険がある（再訴禁止効（262Ⅱ）が働かない限り，原告による再訴が可能であり，再訴されると参加人はそこに再び独立当事者参加していかなければならないが，再訴されたか否かを把握するのは容易ではない）。したがって，参加人の同意を要すると解する（最判昭60.3.15）。

45.　　脱退は訴訟上の地位を参加人，相手方の訴訟追行の結果に委ねるものであるから，条件付き放棄・認諾であるといえる（通説）。したがって，参加人が勝訴の場合，自己への請求を認諾したことになる。また，相手方が勝訴の場合，自己が原告の場合は放棄，被告の場合は認諾となる。さらに，原告脱退，被告脱退のいずれの場合にも，各勝訴者に関係しない脱退者と参加人又は残存当事者間の請求につき何らの効果も生じないという空白部分が生じるため，制度上合理的な効果（判決の論理的帰結の貫徹と紛争の一挙・統一的解決）が付与されると解すべきである。

46.　　(1)　意義
　　　　　　他人間の訴訟の結果につき利害関係を持つ第三者が，当事者の一方を勝訴させて自己の利益を守るためにその訴訟に参加する参加形態。
　　　　(2)　要件
　　　　　　「第三者」が「訴訟の結果」に「利害関係を有する」こと（42）。

47.　　第三者にとって影響があるのは判決主文より，むしろ理由中の判断であることが多いから，「訴訟の結果」とは判決主文（訴訟物）のみならず，判決理由中の判断も含む（大決昭8.9.9，最判昭51.3.30参照）。

48.　　補助参加の制度は，補助参加人が被参加人を補助して訴訟を追行することによって被参加人を勝訴させることにより，補助参加人が自らの利益を守ることを目的としているから，単なる事実上の利害関係では足りず，法的利害関係を要する。もっとも，補助参加制度の上記趣旨・目的に照らせば，判決の効力が直接補助参加人に及ぶ必要はなく，補助参加人が判決に拘束されることも要せず，判決が補助参加人の地位の決定に参考となるおそれがあれば足り，当該訴訟の判決が参加人の私法上（又は公法上）の法的地位又は法的利益に影響を及ぼすおそれがあることをもって足りる（最決平13.1.30）。

□	/			
□	/	**49.**	**A**	参加的効力の法的性質，主観的範囲及び客観的範囲について説明しなさい。
□	/			

□	/			
□	/	**50.**	**B**	訴訟告知の意義，要件及び効果について説明しなさい。
□	/			

□	/			
□	/	**51.**	**B**	利害関係の対立がある者に対して訴訟告知をした場合，参加的効力が生じるかについて説明しなさい。
□	/			

49. (1) 法的性質
46条は様々な除外事由を定めているし，敗訴当事者相互間の責任分担原理によるべきである（一種の衡平・禁反言）から，既判力とは別個の特殊な効力（参加的効力）ととらえるべきである。
(2) 主観的範囲
敗訴当事者間
(3) 客観的範囲
参加人は通常理由中の判断を争うものであるから，理由中の判断にも及ぶが，その範囲は，判決の主文を導き出すために必要な主要事実に係る認定及び法律判断などをいうものであって，これに当たらない事実又は論点について示された認定や法律判断を含むものではない（最判平14.1.22）。

50. (1) 意義
訴訟係属中，当事者が，当該訴訟に参加し得る第三者に対して，法定の方式により訴訟係属の事実を通知すること
(2) 要件
①「当事者」（53Ⅰ）又は「訴訟告知を受けた者」（53Ⅱ）が行うこと，②「訴訟の係属中」（53Ⅰ）であること，③被告知者が，当該訴訟に「参加することができる第三者」であること（53Ⅰ）
(3) 効果
参加的効力を生じる（53Ⅳ）。

51. 肯定説（仙台高判昭55.1.28）＝訴訟告知の趣旨は，告知者が自己の利益のために被告知者に対して参加的効力を及ぼすことにあるから，参加的効力が生じる。
否定説（東京高判昭60.6.25参照）＝敗訴当事者間の責任分担原理という参加的効力の趣旨からすれば，補助参加をすることを期待できない場合には，参加的効力を及ぼす前提に欠けるから，参加的効力は生じない。

☐ ／
☐ ／　　**52.** **B**　　訴訟承継の意義，種類及び効果について説明しなさい。
☐ ／

☐ ／
☐ ／　　**53.** **B**　　当然承継の意義及び承継原因について説明しなさい。
☐ ／

☐ ／
☐ ／　　**54.** **B**　　参加承継，引受承継の意義について説明しなさい。
☐ ／

52. (1) 意義
　　　　訴訟係属中に紛争主体たる地位が当事者から第三者に移転したことに基づいて，新主体となった第三者が当事者となって，訴訟を続行する場合。
　　(2) 種類
　　　　一定の事由があれば当然に訴訟承継が生じる当然承継（124Ⅰ①②④⑤⑥）と関係人の申立てがあって初めて訴訟承継が生じる参加承継・引受承継（49，51前段，50，51後段）がある。
　　(3) 効果
　　　　被承継人の承継時点での訴訟追行上の地位をそのまま承継する（訴訟状態帰属効又は訴訟状態承認義務）。具体的には，以下のような効果が生じる。
　　　　①訴え提起の効果としての時効完成猶予・期間遵守の効果の承継（49），②承継前に行われた弁論・証拠調べ・裁判（中間判決や訴訟指揮の裁判）の効力の承継，③前当事者がすることができなくなった訴訟追行上の行為は自由にはできなくなる，④訴訟費用（包括承継の場合は被承継人の地位をそのまま承継するが，特定承継では承継しない）。
　　　　もっとも，その根拠は紛争の抜本的解決と，正当な前当事者が訴訟追行をしていたことにあるところ，固有の抗弁に関しては，前当事者によって承継者の手続保障が尽くされているといえないから，固有の抗弁がある場合には，主張することができる。また，被承継人の訴訟活動が信義則（2）に違反するような場合（ex. 馴れ合い訴訟）にも，訴訟状態帰属効が認められないことがある。

53. (1) 意義
　　　　実体法上の承継原因の発生により，法律上当然に当事者の交替が生じる場合
　　(2) 承継原因
　　　　①当事者の死亡（124Ⅰ①），②法人その他の団体の合併による消滅（124Ⅰ②），③信託財産に関する訴訟における当事者たる受託者の任務終了（124Ⅰ④），④一定の資格者の資格喪失（124Ⅰ⑤），⑤選定当事者全員の死亡又は資格喪失（124Ⅰ⑥），⑥破産手続開始の決定（破44）

54. 　　訴訟係属中に訴訟物たる権利関係をはじめ広く紛争の基礎をなす実体関係につき一方当事者と第三者に特定承継があった場合（係争物の譲渡があった場合）に，それによって新たな紛争主体となった承継人が訴訟参加の申出をし（参加承継，49，51前段），あるいは承継人に対して前主の相手方当事者から訴訟引受けの申立てをなすことによって（引受承継，50，51後段），現時点での紛争主体である承継人が，被承継人の承継の時点での訴訟追行上の有利・不利の地位を承継すること。

☐ ／ ☐ ／ ☐ ／	**55.** **B** 参加承継，引受承継の承継原因について説明しなさい。

☐ ／ ☐ ／ ☐ ／	**56.** **B** 参加承継，引受承継の手続について説明しなさい。

☐ ／ ☐ ／ ☐ ／	**57.** **B** 参加承継後の処理について説明しなさい。

☐ ／ ☐ ／ ☐ ／	**58.** **B** 引受承継後の処理について説明しなさい。

☐ ／ ☐ ／ ☐ ／	**59.** **B** 原告側で承継が行われた場合に，引受承継人が請求を定立する必要があるかについて説明しなさい。

☐ ／ ☐ ／ ☐ ／	**60.** **B** 原告側で承継があった場合に，原告たる被承継人が引受承継申立てをすることができるかについて説明しなさい。

☐ ／ ☐ ／ ☐ ／	**61.** **B** 承継原因のないことが判明した場合に，裁判所は訴え却下の訴訟判決をなすべきか，請求棄却（請求認容）の本案判決をなすべきかについて説明しなさい。

55. (1) 特定承継
「譲り受けた」「承継した」特定承継には，任意処分（譲渡など）による場合の他，法の規定（代位など）や執行処分（執行売却・転付命令など）による場合も含まれる。
(2) 係争物（「訴訟の目的である権利」「訴訟の目的である義務」）
いわゆる当事者適格より広い，紛争の主体たる地位の移転であり，承継人との紛争が，⒜旧当事者間の紛争から派生ないし発展したものと認められる関係にあり，従前の訴訟状態の利用を認めることが⒝訴訟経済，当事者間の公平に合致するときには「紛争の主体たる地位の移転」を認める。

56. 参加承継の場合には，独立当事者参加の方法による（49，47）。引受承継の場合には，訴訟引受けの申立てを行い，引受決定を得て承継人を当事者とする（50Ⅲ）。

57. 前主と参加人間にも実体関係につき争いがある場合，三面訴訟となり，必要的共同訴訟の規律に服する（40）。前主との間に争いがない場合には，相手方当事者に対してだけ請求を立てて参加することになり（片面的参加，47Ⅰ参照），この場合，被承継人が相手方の同意を得て脱退することが多い（48）。

58. 引受申立てを同時審判の申出ある共同訴訟の申立てとみて（50Ⅲ），同時審判申出訴訟に関する規律に服する（50Ⅲ，41ⅠⅢ）。

59. 承継人が請求を定立しない場合の処理に窮するし，引受けによって被告が利益を受ける以上，請求の定立を要求することは不合理ではない。したがって，引受承継を申し立てる相手方が債務不存在確認請求を定立すべきである（もしくは，引受承継の申立てに債務不存在確認請求が包含されているとみるべきである）（実務）。

60. 被承継人としては，承継人に参加承継の申立てを促すか，相手方に引受承継の申立てを促すかすれば足りるはずであるから，できない（東京高決昭54.9.28）。

61. 訴訟判決説（東京高決昭40.6.24）＝当事者適格を欠くことになるから，却下の訴訟判決をなすべきである。
本案判決説（大阪高判昭39.4.10）＝給付訴訟の原告適格は，自己に給付請求権ありと主張するだけで足りるはずである。また，承継原因が存在しないことは，その請求に理由がないことに帰着する。したがって，請求棄却（請求認容）の本案判決をなすべきである。

☐ /	**62.** **A**	任意的当事者変更の法的性質及び要件について説明し
☐ /		なさい。
☐ /		

☐ /	**63.** **B**	任意的当事者変更の効果について説明しなさい。
☐ /		
☐ /		

☐ /	**64.** **B**	上訴の意義，種類及び効力（効力の及ぶ範囲も含む）
☐ /		について説明しなさい。
☐ /		

62.　(1)　法的性質
　　　　　新訴の提起（訴えの主観的追加的併合と捉えるか，弁論の併合と捉えるか争いあり）と，旧原告による又は旧被告に対する，旧訴の取下げという2個の訴訟行為の複合である（通説）。
　　(2)　要件
　　　ア　新訴について
　　　　　①訴え提起の要件，②新訴の追加併合提起（訴えの主観的追加的併合・当事者参加等）の要件，③新当事者の手続保障（審級の利益保護）の観点から，原則として，第一審の口頭弁論終結前であること（新当事者の手続保障を害さなければ，控訴審でも可）
　　　イ　旧訴について
　　　　　訴えの取下げの要件（261）を具備すること

63.　　　新当事者の手続保障の観点から，原則として，訴訟手続上，新当事者は旧当事者の地位を承継しない。したがって，旧当事者が自白した事実に反する主張や時機に後れた攻撃防御方法の提出も，信義則に反しない限り可能である。
　　　　もっとも，当事者間の公平，訴訟経済・手続安定の要請から，新当事者の手続保障を害さない範囲で，訴訟手続の流用や旧訴の訴訟資料の流用が認められる。
　　　　具体的には，訴訟手続の流用として，(a)旧訴状の補正利用，旧訴の印紙の流用（旧訴と訴額が重複する限度）が可能（通説）であり，(b)時効完成猶予・期間遵守については，旧訴提起時点を基準に判断される。また，訴訟資料（従来の弁論・証拠調べの結果）の流用は，(a)新当事者が（一括して又は個別的に）追認した場合，又は(b)旧当事者（又はその代理人）の訴訟追行が，新当事者のそれと実質的に同視できる場合に認められる。

64.　(1)　意義
　　　　　裁判の確定前に，上級裁判所に対し，原裁判の取消し・変更を求める不服申立て
　　(2)　種類
　　　　　控訴・上告（終局判決に対する上訴），抗告（決定，命令に対する独立の上訴）
　　　　　cf.即時抗告＝裁判が告知されてから1週間の不変期間内に提起しなければならないとされる特殊な抗告（332）。迅速に確定させる必要があると認められる裁判について規定されている。
　　(3)　効力
　　　　　①確定遮断の効力（適法に上訴がなされると，原裁判は上訴期間経過後も確定しない（116Ⅱ）），②移審の効力（その事件は原裁判所での係属を離れて上訴裁判所に係属する（規174参照））が生じる。確定遮断・移審の効力の及ぶ範囲は，上訴人の申し立てた不服の範囲に限らず，原裁判全体に及ぶ。したがって，両当事者は不服を申し立てられていない部分についても争うことができる（上訴不可分の原則）。

□ ／
□ ／　　65.　**B**　　控訴の意義について説明しなさい。
□ ／

□ ／
□ ／　　66.　**B**　　控訴の利益の判断基準について説明しなさい。
□ ／

□ ／
□ ／　　67.　**B**　　控訴審の構造について説明しなさい。
□ ／

□ ／
□ ／　　68.　**A**　　控訴審における審判の範囲（利益変更禁止の原則・不
□ ／　　　　　　　　利益変更禁止の原則）について説明しなさい。

□ ／
□ ／　　69.　**A**　　相殺の抗弁を認めて請求を棄却した一審判決に原告の
□ ／　　　　　　　　みが控訴した事案について，審理の結果，訴求債権がそ
　　　　　　　　　　もそも不存在であることが判明した場合，控訴審は，一
　　　　　　　　　　審判決を取り消してあらためて請求棄却判決をなすこと
　　　　　　　　　　ができるかについて説明しなさい。

65. 第一審の判決に対する事実審としての上級審への上訴。

66. 　処分権主義の下，自らの責任で審判対象を設定し全部勝訴した者に，上訴による不服申立てを認める必要はなく自己責任を問い得る。また，基準の明確性が必要である。そこで，第一審で当事者が行った判決の申立てが第一審判決の主文と比べて大きい場合，その申立て通りの判決がなされなかった場合に認められる（形式的不服説）。
　ただし，後訴で争う機会がない場合には，手続保障の観点から修正を認めるべきである。具体的には，相殺の抗弁が容れられて全部棄却となった場合，相殺の抗弁による理由中の判断に発生する拘束力（114Ⅱ）は，自己の申立てによるものでなく自己責任を問い得ないから，全部勝訴した当事者に控訴の利益が認められる。また，明示なき一部請求の場合も，上訴を認めないと債権全体に既判力が発生してしまい，後訴で争うことができなくなるが，このような不利益に鑑みれば，自己責任を課するのは妥当ではないから，全部勝訴した当事者に控訴の利益が認められる（名古屋高金沢支判平元.1.30）。

67. 　控訴審は第一審で収集された裁判資料を前提として（298Ⅰ），さらにそれに控訴審で新たに収集される資料を加えて，控訴審の口頭弁論終結時を基準時として，控訴の適否と第一審判決に対する不服申立てにつき，その当否を判断する（続審主義）。

68. 　控訴の提起により事件全体が控訴審に移審するが（控訴不可分の原則），控訴審において審理の対象になるのは，控訴人が原判決に対して不服を申し立てた範囲に限られる。すなわち，控訴裁判所は不服申立ての限度で原判決の当否を判断でき，その範囲で原判決を変更できる（口頭弁論の範囲について，296Ⅰ，第一審判決の取消し及び変更について，304）に過ぎないため，控訴人の申立て以上に原判決より有利な判断を与えることができないし（利益変更禁止の原則），控訴人はより有利な判断を求めて不服を申し立てているので，裁判所は，原判決より不利益な判決をなすこともできない（不利益変更禁止の原則）。

69. 　反対債権の存否は訴訟物ではないため，反対債権のみが審理の対象とすると，訴訟物がなくなり不都合である。また，訴求債権についての審理ができなくなると，訴求債権が不存在であるとの心証を得た裁判所が，反対債権不存在のときに請求を認容しなければならず不当である。したがって，被告の有する反対債権のみならず，原告の訴求債権も審判対象になる。
　しかし，不利益変更禁止の原則（反対債権の不存在に既判力が生じなくなる）から，控訴審は，第一審を取り消して請求棄却判決を下すことはできず，控訴棄却判決をなすべきである（最判昭61.9.4）。

□ ／
□ ／   **70.** B   附帯控訴の意義及び法的性質について説明しなさい。
□ ／

□ ／
□ ／   **71.** B   控訴権の消滅原因について説明しなさい。
□ ／

□ ／
□ ／   **72.** B   控訴審における終局判決の種類及び要件について説明
□ ／   しなさい。

□ ／
□ ／   **73.** B   控訴審裁判所が控訴を認容する場合の対応について説
□ ／   明しなさい。

□ ／
□ ／   **74.** B   上告の意義について説明しなさい。
□ ／

□ ／
□ ／   **75.** B   上告審の構造について説明しなさい。
□ ／

70. (1) 意義

既に開始された控訴審手続の口頭弁論終結までに，被控訴人が，控訴人の申し立てた審判対象を拡張して，自己に有利な判決を求める不服申立てをいう。

(2) 法的性質

附帯控訴は被控訴人が既に控訴権を放棄・喪失した場合にもなされ得る（293Ⅰ）。また，控訴人は，控訴審においていつでも控訴申立ての範囲を拡張し得るため，公平の見地から，被控訴人にも審判範囲の拡張権を認めたものである。したがって，特殊の攻撃防御方法であり，控訴の利益は不要である（最判昭32.12.13）。

71. ①控訴期間の徒過（判決書又は判決に変わる調書の送達から2週間後（285）），②放棄（284）

72. (1) 控訴却下

要件を欠き不適法であるとき（290参照）

(2) 控訴棄却

控訴裁判所が審理の結果，原判決が正当であり，不服に理由がないとするとき（302Ⅰ）

(3) 控訴認容

①原判決を不当とするとき（305），②原判決に判決の成立手続の法令違反（306）や重大な手続法規違反（再審事由の存在など）があるとき

73. (1) 自判

控訴裁判所自らが事実認定をし，訴えに対する裁判をする。

(2) 差戻し

①必要的差戻し＝原判決が訴え却下判決である場合には，原則として第一審に差し戻さなければならない（307）。

②任意的差戻し＝必要的差戻しの他，事件につき，さらに第一審において弁論をする必要があると判断するとき（308）。

③移送＝原判決に専属管轄違反（専属的合意管轄は除く）があるときには，管轄権を有する第一審裁判所へ移送する（299ただし書，309）。

74. 法律審としての上告審への不服申立て

75. 上告審は，原判決が違法かどうかを審査するのに，事件の事実関係を自ら認定し直さず，原判決が適法に認定した事実に拘束される（321Ⅰ，法律審）。もっとも，原審の事実認定が不合理である場合には，その事実認定に上告審は拘束されない。

5 請求・当事者の複数と上訴・再審

☐ / ☐ / ☐ /	76.	**B**	最高裁判所に対する上告理由について説明しなさい。

☐ / ☐ / ☐ /	77.	**B**	裁量上告制度について説明しなさい。

☐ / ☐ / ☐ /	78.	**B**	再審の意義について説明しなさい。

☐ / ☐ / ☐ /	79.	**B**	再審事由について説明しなさい。

☐ / ☐ / ☐ /	80.	**B**	再審の補充性について説明しなさい。

76. (1) 憲法違反（312Ⅰ）
　　　　原判決に憲法の解釈，適用に誤りがある場合には，常に上告理由となる。
　　(2) 絶対的上告理由（312Ⅱ）
　　　　①判決裁判所の構成の違法（同①），②判決に関与できない裁判官の判決への関与（同②），③専属管轄違反（同③），④代理権の欠缺（同④），⑤公開規定の違反（同⑤），⑥判決の理由不備又は理由齟齬（同⑥）

77. 当事者が法令違反を理由として上告をする場合は，上告受理の申立て（318）によらなければならない（裁量上告制度）。原判決に最高裁判例に反する判断がある事件や法令解釈に関して重要事項を含む事件などが対象となる。

78. 確定した終局判決に法定の重大な手続上の瑕疵，判決の基礎たる資料の異常な欠陥などがあり，確定判決の効力を維持できない場合に限り認められる例外的不服申立方法

79. ①裁判所の構成の違法（338Ⅰ①②）
　　②代理権の欠缺又は代理行為をなすに必要な授権の欠缺の場合（338Ⅰ③）
　　③判決の基礎資料につき可罰的行為があった場合（338Ⅰ④⑤⑥⑦）
　　④判決の基礎となった民事又は刑事の判決その他の裁判もしくは行政処分が，後の裁判又は行政処分によって確定的に変更された場合（338Ⅰ⑧）
　　⑤重要な事項についての判断遺脱（338Ⅰ⑨）
　　⑥再審によって不服を申し立てられている判決が，前に言い渡された確定判決と抵触する場合（338Ⅰ⑩）
　　なお，4号事由から7号事由については有罪判決の確定等又はそれに準じる状況が必要（338Ⅱ）

80. 当事者が控訴又は上告によって主張し，又はこれを知りながら主張しなかった事由をもってする再審の訴えは許されない（338Ⅰただし書）。

重要判例要旨一覧

アガルート講師陣が重要と考える
民事訴訟法の判例をセレクトし，
特に記憶してほしいキーワード及
び結論部分を強調している。赤
シートを用いることにより，穴埋
め問題の形式になる。

□　／　　□　／　　□　／

最判平10.6.12

事　案

　Ｙから業務委託を受けたＸは，Ｙに対して，当該業務委託の報酬のうち一部の支払を求めるなどしたところ，当該請求等を棄却する旨の判決が確定した。
　その後，Ｘは，Ｙに対して，前訴で請求した残部の支払を求めるなどした。

要　旨

　「一個の金銭債権の数量的一部請求は，当該債権が存在しその額は一定額を下回らないことを主張して右額の限度でこれを請求するものであり，債権の特定の一部を請求するものではないから，このような請求の当否を判断するためには，おのずから債権の全部について審理判断することが必要になる。すなわち，裁判所は，当該債権の全部について当事者の主張する発生，消滅の原因事実の存否を判断し，債権の一部の消滅が認められるときは債権の総額からこれを控除して口頭弁論終結時における債権の現存額を確定し……，現存額が一部請求の額以上であるときは右請求を認容し，現存額が請求額に満たないときは現存額の限度でこれを認容し，債権が全く現存しないときは右請求を棄却するのであって，当事者双方の主張立証の範囲，程度も，通常は債権の全部が請求されている場合と変わるところはない。数量的一部請求を全部又は一部棄却する旨の判決は，このように債権の全部について行われた審理の結果に基づいて，当該債権が全く現存しないか又は一部として請求された額に満たない額しか現存しないとの判断を示すものであって，言い換えれば，後に残部として請求し得る部分が存在しないとの判断を示すものにほかならない。したがって，右判決が確定した後に原告が残部請求の訴えを提起することは，実質的には前訴で認められなかった請求及び主張を蒸し返すものであり，前訴の確定判決によって当該債権の全部について紛争が解決されたとの被告の合理的期待に反し，被告に二重の応訴の負担を強いるものというべきである。以上の点に照らすと，金銭債権の数量的一部請求訴訟で敗訴した原告が残部請求の訴えを提起することは，特段の事情がない限り，信義則に反して許されないと解するのが相当である。

　これを本件についてみると，被上告人の主位的請求……は，前訴で数量的一部を請求して棄却判決を受けた各報酬請求権につき，その残部を請求するものであり，特段の事情の認められない本件においては，右各請求に係る訴えの提起は，訴訟上の信義則に反して許されず，したがって，右各訴えを不適法として却下すべきである。」

最判平 10.6.30

事案

Yは，Xに対して，一部請求としての損害賠償請求訴訟を提起していたところ，Xは，Yに対して，不当利得返還請求訴訟を提起した。

Yは，不当利得返還請求訴訟において，上記一部請求の残部を自働債権とする相殺を主張した。

要旨

「1　民訴法142条……が係属中の事件について重複して訴えを提起することを禁じているのは，審理の重複による無駄を避けるとともに，同一の請求について異なる判決がされ，既判力の矛盾抵触が生ずることを防止する点にある。そうすると，……既に係属中の別訴において訴訟物となっている債権を自働債権として他の訴訟において相殺の抗弁を主張することが許されない……。

2　しかしながら，他面，一個の債権の一部であっても，そのことを明示して訴えが提起された場合には，訴訟物となるのは右債権のうち当該一部のみに限られ，その確定判決の既判力も右一部のみについて生じ，残部の債権に及ばない……。この理は相殺の抗弁についても同様に当てはまるところであって，一個の債権の一部をもってする相殺の主張も，それ自体は当然に許容されるところである。

3　もっとも，一個の債権が訴訟上分割して行使された場合には，実質的な争点が共通であるため，ある程度審理の重複が生ずることは避け難く，応訴を強いられる被告や裁判所に少なからぬ負担をかける上，債権の一部と残部とで異なる判決がされ，事実上の判断の抵触が生ずる可能性もないではない。そうすると，右2のように一個の債権の一部について訴えの提起ないし相殺の主張を許容した場合に，その残部について，訴えを提起し，あるいは，これをもって他の債権との相殺を主張することができるかについては，別途に検討を要するところであり，残部請求等が当然に許容されることになるものとはいえない。

しかし，こと相殺の抗弁に関しては，訴えの提起と異なり，相手方の提訴を契機として防御の手段として提出されるものであり，相手方の訴求する債権と簡易迅速かつ確実な決済を図るという機能を有するものであるから，一個の債権の残部をもって他の債権との相殺を主張することは，債権の発生事由，一部請求がされるに至った経緯，その後の審理経過等にかんがみ，債権の分割行使による相殺の主張が訴訟上の権利の濫用に当たるなど特段の事情の存する場合を除いて，正

当な防御権の行使として許容されるものと解すべきである。

　したがって，一個の債権の一部についてのみ判決を求める旨を明示して訴えが提起された場合において，当該債権の残部を自働債権として他の訴訟において相殺の抗弁を主張することは，債権の分割行使をすることが訴訟上の権利の濫用に当たるなど特段の事情の存しない限り，許されるものと解するのが相当である。」

最判昭48.4.5

事 案

　Xは，Yに対して，自動車の衝突事故を原因とする損害賠償請求訴訟を提起し，療養費や逸失利益，慰謝料の各損害の発生を主張した。

要 旨

　「本件のような同一事故により生じた同一の身体傷害を理由とする財産上の損害と精神上の損害とは，原因事実および被侵害利益を共通にするものであるから，その賠償の請求権は一個であり，その両者の賠償を訴訟上あわせて請求する場合にも，訴訟物は一個であると解すべきである。」

□___/___ □___/___ □___/___

最判昭42.7.18

事 案

　火傷を負ったことによる後遺症が残ったXは，Yに対して，火傷を原因とする損害賠償請求訴訟を提起し，治療費や慰謝料，逸失利益を主張したところ，慰謝料の支払のみを容認する旨の判決が確定した。

　その後，Xの後遺症が悪化したため，入院・治療を行ったXは，Yに対して，治療費の支払を求める損害賠償請求訴訟を提起した。

要 旨

　「一個の債権の一部についてのみ判決を求める旨を明示して訴が提起された場合には，訴訟物は，右債権の一部の存否のみであつて全部の存否ではなく，従つて，右一部の請求についての確定判決の既判力は残部の請求に及ばない……。ところで，記録によれば，所論の前訴……における被上告人の請求は，被上告人主張の本件不法行為により惹起された損害のうち，右前訴の最終口頭弁論期日……までに支出された治療費を損害として主張しその賠償を求めるものであるところ，本件訴訟における被上告人の請求は，前記の口頭弁論期日後にその主張のような経緯で再手術を受けることを余儀なくされるにいたつたと主張し，右治療に要した費用を損害としてその賠償を請求するものであることが明らかである。右の事実によれば，所論の前訴と本件訴訟とはそれぞれ訴訟物を異にするから，前訴の確定判決の既判力は本件訴訟に及ばない……。」

最判昭56.12.16

事 案

　空港周辺の住民Ｘらは，国Ｙに対して，将来の損害賠償などを求めた。

要 旨

　135「条は，およそ将来に生ずる可能性のある給付請求権のすべてについて前記の要件のもとに将来の給付の訴えを認めたものではなく，主として，いわゆる期限付請求権や条件付請求権のように，既に権利発生の基礎をなす事実上及び法律上の関係が存在し，ただ，これに基づく具体的な給付義務の成立が将来における一定の時期の到来や債権者において立証を必要としないか又は容易に立証しうる別の一定の事実の発生にかかつているにすぎず，将来具体的な給付義務が成立したときに改めて訴訟により右請求権成立のすべての要件の存在を立証することを必要としないと考えられるようなものについて，例外として将来の給付の訴えによる請求を可能ならしめたにすぎないものと解される。このような規定の趣旨に照らすと，継続的不法行為に基づき将来発生すべき損害賠償請求権についても，例えば不動産の不法占有者に対して明渡義務の履行完了までの賃料相当額の損害金の支払を訴求する場合のように，右請求権の基礎となるべき事実関係及び法律関係が既に存在し，その継続が予測されるとともに，右請求権の成否及びその内容につき債務者に有利な影響を生ずるような将来における事情の変動としては，債務者による占有の廃止，新たな占有権原の取得等のあらかじめ明確に予測しうる事由に限られ，しかもこれについては請求異議の訴えによりその発生を証明してのみ執行を阻止しうるという負担を債務者に課しても格別不当とはいえない点において前記の期限付債権等と同視しうるような場合には，これにつき将来の給付の訴えを許しても格別支障があるとはいえない。しかし，たとえ同一態様の行為が将来も継続されることが予測される場合であつても，それが現在と同様に不法行為を構成するか否か及び賠償すべき損害の範囲いかん等が流動性をもつ今後の複雑な事実関係の展開とそれらに対する法的評価に左右されるなど，損害賠償請求権の成否及びその額をあらかじめ一義的に明確に認定することができず，具体的に請求権が成立したとされる時点においてはじめてこれを認定することができるとともに，その場合における権利の成立要件の具備については当然に債権者においてこれを立証すべく，事情の変動を専ら債務者の立証すべき新たな権利成立阻却事由の発生としてとらえてその負担を債務者に課するのは不当であると考

えられるようなものについては，前記の不動産の継続的不法占有の場合とはとうてい同一に論ずることはできず，かかる将来の損害賠償請求権については，……本来例外的にのみ認められる将来の給付の訴えにおける請求権としての適格を有するものとすることはできないと解するのが相当である。

　本件についてこれをみるのに，将来の侵害行為が違法性を帯びるか否か及びこれによつて被上告人らの受けるべき損害の有無，程度は，被上告人ら空港周辺住民につき発生する被害を防止，軽減するため今後上告人により実施される諸方策の内容，実施状況，被上告人らのそれぞれにつき生ずべき種々の生活事情の変動等の複雑多様な因子によつて左右されるべき性質のものであり，しかも，これらの損害は，利益衡量上被害者において受忍すべきものとされる限度を超える場合にのみ賠償の対象となるものと解されるのであるから，明確な具体的基準によつて賠償されるべき損害の変動状況を把握することは困難といわなければならないのであつて，このような損害賠償請求権は，それが具体的に成立したとされる時点の事実関係に基づきその成立の有無及び内容を判断すべく，かつまた，その成立要件の具備については請求者においてその立証の責任を負うべき性質のものといわざるをえないのである。したがつて，……口頭弁論終結後に生ずべき損害……の賠償を求める部分は，権利保護の要件を欠くものというべきであつて，……訴えを却下すべきである。」

□ ／ □ ／ □ ／

最判昭47.2.15

事案

　被相続人がその全財産を共同相続人の1人にのみ与える旨の遺言を作成していたところ，被相続人を共同相続したXらは，共同相続人Yらに対して，当該遺言は無効であることを確認する旨の判決を求めた。

要旨

　「遺言無効確認の訴は，遺言が無効であることを確認するとの請求の趣旨のもとに提起されるから，形式上過去の法律行為の確認を求めることとなるが，請求の趣旨がかかる形式をとつていても，遺言が有効であるとすれば，それから生ずべき現在の特定の法律関係が存在しないことの確認を求めるものと解される場合で，原告がかかる確認を求めるにつき法律上の利益を有するときは，適法として許容されうるものと解するのが相当である。けだし，右の如き場合には，請求の趣旨を，あえて遺言から生ずべき現在の個別的法律関係に還元して表現するまでもなく，いかなる権利関係につき審理判断するかについて明確さを欠くことはなく，また，判決において，端的に，当事者間の紛争の直接的な対象である基本的法律行為たる遺言の無効の当否を判示することによつて，確認訴訟のもつ紛争解決機能が果たされることが明らかだからである。
　以上説示したところによれば，前示のような事実関係のもとにおける本件訴訟は適法というべきである。」

□　／　　□　／　　□　／

最大判昭45.11.11

事 案

　Xを組合員の1人とする共同企業体は，Yとの間で締結した請負契約が解除されたことにより損害を被った。そこで，Xは，Yに対して，損害賠償請求訴訟を提起した。

　なお，共同企業体は，組合であり，その規約上，代表者であるXは，建設工事の施工に関し共同企業体を代表して発注者及び監督官庁等第三者と折衝する権限並びに自己の名義をもって請負代金の請求，受領及び共同企業体に属する財産を管理する権原を有するものと定められている。

要 旨

　任意的訴訟担当「については，民訴法上は，同法47条が一定の要件と形式のもとに選定当事者の制度を設けこれを許容しているのであるから，通常はこの手続によるべきものではあるが，同条は，任意的な訴訟信託が許容される原則的な場合を示すにとどまり，同条の手続による以外には，任意的訴訟信託は許されないと解すべきではない。すなわち，任意的訴訟信託は，民訴法が訴訟代理人を原則として弁護士に限り，また，信託法11条が訴訟行為を為さしめることを主たる目的とする信託を禁止している趣旨に照らし，一般に無制限にこれを許容することはできないが，当該訴訟信託がこのような制限を回避，潜脱するおそれがなく，かつ，これを認める合理的必要がある場合には許容するに妨げないと解すべきである。

　そして，民法上の組合において，組合規約に基づいて，業務執行組合員に自己の名で組合財産を管理し，組合財産に関する訴訟を追行する権限が授与されている場合には，単に訴訟追行権のみが授与されたものではなく，実体上の管理権，対外的業務執行権とともに訴訟追行権が授与されているのであるから，業務執行組合員に対する組合員のこのような任意的訴訟信託は，弁護士代理の原則を回避し，または信託法11条の制限を潜脱するものとはいえず，特段の事情のないかぎり，合理的必要を欠くものとはいえないのであつて，民訴法47条による選定手続によらなくても，これを許容して妨げないと解すべきである。

　そして，本件の……事実関係によれば，民法上の組合たる前記企業体において，組合規約に基づいて，自己の名で組合財産を管理し，対外的業務を執行する権限を与えられた業務執行組合員たる上告人は，組合財産に関する訴訟につき組合員から任意的訴訟信託を受け，本訴につき自己の名で訴訟を追行する当事者適格を有するものというべきである。」

最判平3.12.17

事 案

　Ｙは，Ｘに対して，売買代金の支払等を求める訴え（別訴）を提起したところ，Ｘは，Ｙに対して，売買代金の支払を求める本訴を提起した。

　その後，両訴訟の弁論が併合されたところ，Ｙは，本訴について別訴請求債権を自働債権とする相殺の主張をした。

要 旨

　「係属中の別訴において訴訟物となっている債権を自働債権として他の訴訟において相殺の抗弁を主張することは許されない……。すなわち，民訴法……が重複起訴を禁止する理由は，審理の重複による無駄を避けるためと複数の判決において互いに矛盾した既判力ある判断がされるのを防止するためであるが，相殺の抗弁が提出された自働債権の存在又は不存在の判断が相殺をもって対抗した額について既判力を有するとされていること……，相殺の抗弁の場合にも自働債権の存否について矛盾する判決が生じ法的安定性を害しないようにする必要があるけれども理論上も実際上もこれを防止することが困難であること，等の点を考えると，同法……の趣旨は，同一債権について重複して訴えが係属した場合のみならず，既に係属中の別訴において訴訟物となっている債権を他の訴訟において自働債権として相殺の抗弁を提出する場合にも同様に妥当するものであり，このことは右抗弁が控訴審の段階で初めて主張され，両事件が併合審理された場合についても同様である。」

□ ／ □ ／ □ ／

最判昭33.7.8

事 案

　Xは，Yとの間で，Yの買い受ける黒砂糖をXが斡旋し，その斡旋料をYがXに支払うことを約束したところ，斡旋して買い受けさせたため，斡旋料の支払を求めた。
　その際，裁判所は，XとY代理人との間に上記契約がなされた旨の心証を抱いた。

要 旨

　「斡旋料支払の特約が当事者本人によつてなされたか，代理人によつてなされたかは，その法律効果に変りはないのであるから，原判決が被上告人と上告人代理人との間に本件契約がなされた旨判示したからといつて弁論主義に反するところはな」い。

最判昭 55.2.7

事案

　Xらは，(1)本件土地は，Xら，A及びYの亡夫Bらの父であるCがDから買い受けたのであるが，Bの所有名義に移転登記をしていたところ，Cの死亡により，Xら，A及びBは同土地を各共有持分5分の1の割合をもって相続取得した，(2)しかし，登記名義をそのままにしていたため，Bの死亡に伴い，その妻であるYが単独で相続による所有権移転登記を経由した，(3)本件土地は，上記のとおりXら，A及びBが共同相続したのであるから，Xらは，その共有持分権に基づき各持分5分の1の移転登記手続を求める，と主張した。

　これに対し，Yは，本件土地はBが真実，Dから買い受けて所有権移転登記を経由したもので，Bの死亡によってYが相続取得したのであるから，Xらの請求は理由がない，と主張した。

　原審は，証拠に基づいて，本件土地はCがDから買い受けて所有権を取得したことを認定し，この点に関するXらの主張を認めてYの反対主張を排斥したが，次いで，BはCから本件土地につき死因贈与を受け，Cの死亡によって本件土地の所有権を取得し，その後Bの死亡に伴いYがこれを相続取得したものであると認定し，結局，本件土地をCから共同相続したと主張するXらの請求は理由がないと判示した。

要旨

　「相続による特定財産の取得を主張する者は，(1)被相続人の右財産所有が争われているときは同人が生前その財産の所有権を取得した事実及び(2)自己が被相続人の死亡により同人の遺産を相続した事実の2つを主張立証すれば足り，(1)の事実が肯認される以上，その後被相続人の死亡時まで同人につき右財産の所有権喪失の原因となるような事実はなかったこと，及び被相続人の特段の処分行為により右財産が相続財産の範囲から逸出した事実もなかったことまで主張立証する責任はなく，これら後者の事実は，いずれも右相続人による財産の承継取得を争う者において抗弁としてこれを主張立証すべきものである。」

　「これを本件についてみると，Xらにおいて，CがDから本件土地を買い受けてその所有権を取得し，Cの死亡によりXらがCの相続人としてこれを共同相続したと主張したのに対し，Yは，前記のとおり，右Xらの所有権取得を争う理由としては，単に右土地を買い受けたのはCではなくBであると主張するにとどまっているのであるから（このような主張は，Cの所有権取得の主張事実に対する積極否認にすぎない。），原審が証拠調の結果Dから本件土地を買い受けてその所有権を取得したのはCであってBではないと認定する以上，XらがCの相続人としてその遺産を共同相続したことに争いのない本件においては，Xらの請求は当

　然認容されてしかるべき筋合である。しかるに，原審は，前記のとおり，Yが原審の口頭弁論において抗弁として主張しないBがCから本件土地の死因贈与を受けたとの事実を認定し，したがって，Xらは右土地の所有権を相続によって取得することができないとしてその請求を排斥しているのであって，右は明らかに<u>弁論主義に違反する</u>ものといわなければならない。」

最判平9.7.17

事 案

　本件訴訟において，Xは，Yらとの間においてXが本件建物の所有権並びに本件土地の賃借権を有することの確認等の請求をし，その請求原因として，Xが，昭和21年ころに，Dから本件土地を賃借し，その地上に木件建物を建築したとの事実を主張した。

　Yらは，これを否認し，本件土地を賃借して本件建物を建築したのは，Xではなく，Xの亡父Eである旨を主張した。

　原審は，(1)X主張の上記事実を認めるに足りる証拠はなく，かえって，Yらの主張するとおり，本件土地を賃借し，本件建物を建築したのはEであることが認められるとして，(2)その余の点について判断することなく直ちに，Xの請求を認容した第一審判決を取り消し，Xの請求をすべて棄却した。

要 旨

　「しかしながら，……(2)の点は是認することができない。その理由は，次のとおりである。」

　「原審の確定したところによれば，Eは昭和29年4月5日に死亡し，Eには妻F及びXを含む6人の子があったというのである。したがって，原審の認定するとおり，本件土地を賃借し，本件建物を建築したのがEであるとすれば，本件土地の賃借権及び本件建物の所有権はEの遺産であり，これを右7人が相続したことになる。そして，Xの法定相続分は9分の1であるから，これと異なる遺産分割がされたなどの事実がない限り，Xは，本件建物の所有権及び本件土地の賃借権の各9分の1の持分を取得したことが明らかである。」

　「Xが，本件建物の所有権及び本件土地の賃借権の各9分の1の持分を取得したことを前提として，予備的に右持分の確認等を請求するのであれば，Eが本件土地を賃借し，本件建物を建築したとの事実がその請求原因の一部となり，この事実についてはXが主張立証責任を負担する。本件においては，Xがこの事実を主張せず，かえってYらがこの事実を主張し，Xはこれを争ったのであるが，原審としては，Yらのこの主張に基づいて右事実を確定した以上は，Xがこれを自己の利益に援用しなかったとしても，適切に釈明権を行使するなどした上でこの事実をしんしゃくし，Xの請求の一部を認容すべきであるかどうかについて審理判断すべきものと解するのが相当である……。」

□　／　□　／　□　／

最判昭41.9.22

事 案

　Xの父AのYらに対する30万円の貸金債権を相続により取得したことを請求の原因とするXの本訴請求に対し，Yらは，Aは同債権を訴外Bに譲渡した旨抗弁した。Yらは同債権譲渡の経緯について，Aは，Bよりその所有にかかる本件建物を代金70万円で買い受けたが，この代金決済の方法としてAがYらに対して有する本件債権をBに譲渡した旨主張した。

　Xは，第一審においてこの売買の事実を認めながら，原審においてこの自白は真実に反しかつ錯誤に基づくものであるからこれを撤回すると主張したところ，Yらは，この自白の撤回に同意しなかった。

　原審は，自白が真実に反し，かつ，錯誤に基づくものであると認めるに足りる証拠はないから，自白の撤回はできないとしたうえで，本件債権の譲渡を認定した。

要 旨

　「Yらの……抗弁における主要事実は『債権の譲渡』であって，前記自白にかかる『本件建物の売買』は，右主要事実認定の資料となりうべき，いわゆる間接事実にすぎない。かかる間接事実についての自白は，裁判所を拘束しないのはもちろん，自白した当事者を拘束するものでもないと解するのが相当である。しかるに，原審は，前記自白の取消は許されないものと判断し，自白によって，AがBより本件建物を代金70万円で買い受けたという事実を確定し，右事実を資料として前記主要事実を認定したのであって，原判決には，証拠資料たりえないものを事実認定の用に供した違法があり，右違法が原判決に影響を及ぼすことは明らかである」。

最決平11.11.12

事 案

　Xが，有価証券取引によって貸付金の利息を上回る利益を上げることができるとの前提でYの貸出しの稟議が行われたこと等を証明するためであるとして，Yが所持する貸出稟議書等につき文書提出命令を申し立てた。

要 旨

　「ある文書が，その作成目的，記載内容，これを現在の所持者が所持するに至るまでの経緯，その他の事情から判断して，専ら内部の者の利用に供する目的で作成され，外部の者に開示することが予定されていない文書であって，開示されると個人のプライバシーが侵害されたり個人ないし団体の自由な意思形成が阻害されたりするなど，開示によって所持者の側に看過し難い不利益が生ずるおそれがあると認められる場合には，特段の事情がない限り，当該文書は民訴法220条4号ハ所定の『専ら文書の所持者の利用に供するための文書』に当たると解するのが相当である。」

　「これを本件についてみるに，記録によれば，銀行の貸出稟議書とは，支店長等の決裁限度を超える規模，内容の融資案件について，本部の決裁を求めるために作成されるものであって，通常は，融資の相手方，融資金額，資金使途，担保・保証，返済方法といった融資の内容に加え，銀行にとっての収益の見込み，融資の相手方の信用状況，融資の相手方に対する評価，融資についての担当者の意見などが記載され，それを受けて審査を行った本部の担当者，次長，部長など所定の決裁権者が当該貸出しを認めるか否かについて表明した意見が記載される文書であること，本件文書は，貸出稟議書及びこれと一体を成す本部認可書であって，いずれも抗告人がXに対する融資を決定する意思を形成する過程で，右のような点を確認，検討，審査するために作成されたものであることが明らかである。」

　「右に述べた文書作成の目的や記載内容等からすると，銀行の貸出稟議書は，銀行内部において，融資案件についての意思形成を円滑，適切に行うために作成される文書であって，法令によってその作成が義務付けられたものでもなく，融資の是非の審査に当たって作成されるという文書の性質上，忌たんのない評価や意見も記載されることが予定されているものである。したがって，貸出稟議書は，専ら銀行内部の利用に供する目的で作成され，外部に開示することが予定されていない文書であって，開示されると銀行内部における自由な意見の表明に支障を来し銀行の自由な意思形成が阻害されるおそれがあるものとして，特段の事情が

ない限り，『専ら文書の所持者の利用に供するための文書』に当たると解すべきである。そして，本件文書は，前記のとおり，右のような貸出稟議書及びこれと一体を成す本部認可書であり，本件において特段の事情の存在はうかがわれないから，いずれも『専ら文書の所持者の利用に供するための文書』に当たるというべきであり，本件文書につき，抗告人に対し民訴法220条4号に基づく提出義務を認めることはできない。」

□ ／ □ ／ □ ／

最判昭55.10.23

事 案

　Yは，Xから売買契約により土地所有権を取得したと主張して所有権確認請求をしたところ，認容され確定した。
　その後，Xは，当該売買契約は詐欺によるものであるとして，取り消した旨主張した。

要 旨

　「売買契約による所有権の移転を請求原因とする所有権確認訴訟が係属した場合に，当事者が右売買契約の詐欺による取消権を行使することができたのにこれを行使しないで事実審の口頭弁論が終結され，右売買契約による所有権の移転を認める請求認容の判決があり同判決が確定したときは，もはやその後の訴訟において右取消権を行使して右売買契約により移転した所有権の存否を争うことは許されなくなるものと解するのが相当である。
　これを本件についてみるに，……被上告人が上告人から本件売買契約により本件土地の所有権を取得したことを認めて被上告人の所有権確認請求を認容する判決があり，右判決が確定したにもかかわらず，上告人は，右売買契約は詐欺によるものであるとして，右判決確定後……これを取り消した旨主張するが，前訴において上告人は，右取消権を行使し，その効果を主張することができたのにこれをしなかつたのであるから，本訴における上告人の上記主張は，前訴確定判決の既判力に抵触し許されないものといわざるをえない。」

□ ／ □ ／ □ ／

最判昭 49.4.26

事 案

　Aは昭和30年1月21日，BのAに対する債権を担保するために本件建物につき代物弁済の予約を締結した。同債務につき弁済がなかったためBは予約完結の意思表示をし，本件建物の所有権を取得した。その後，本件建物はCに譲渡され，所有権取得登記も経由された。昭和31年5月22日，Aは破産宣告を受け，Xが破産管財人に選任された。Xは，A・B間の代物弁済契約を否認するとともに，本件建物は否認原因について善意のCの所有に帰したとして，Bに対して本件建物返還に代わる価額の償還として本件建物の時価相当額の償還請求訴訟を提起した（前訴）。前訴の第1審係属中にBは死亡したが，その共同相続人たるY1～Y4が限定承認をし，相続財産管理人に選任されたY1が訴訟を受継した。第1審裁判所は，Xの請求額の一部を認めるとともに，Y1による限定承認の主張に基づいて相続財産の限度での支払を命ずる判決をなした。Xは控訴をし，自ら相続財産の限度での支払を求めるとの留保を付した。控訴審はXの控訴を一部認容し，相続財産の限度での支払を命じ，上告を経てこれが確定した。Xは，前訴が上告審に係属している間に，Y1らは家庭裁判所への限定承認の申述の際に相続財産の一部を隠匿し，悪意でこれを財産目録中に記載しなかったから，民法921条3号により単純承認が擬制されると主張し，Y1～Y4に対して，無留保の支払を求める訴えを提起した。

要 旨

　「被相続人の債務につき債権者より相続人に対し給付の訴が提起され，右訴訟において該債務の存在とともに相続人の限定承認の事実も認められたときは，裁判所は，債務名義上相続人の限定責任を明らかにするため，判決主文において，相続人に対し相続財産の限度で右債務の支払を命ずべきである。」「ところで，右のように相続財産の限度で支払を命じた，いわゆる留保付判決が確定した後において，債権者が，右訴訟の第二審口頭弁論終結時以前に存在した限定承認と相容れない事実（たとえば民法921条の法定単純承認の事実）を主張して，右債権につき無留保の判決を得るため新たに訴を提起することは許されないものと解すべきである。けだし，前訴の訴訟物は，直接には，給付請求権即ち債権（相続債務）の存在及びその範囲であるが，限定承認の存在及び効力も，これに準ずるものとして審理判断されるのみならず，限定承認が認められたときは前述のように主文においてそのことが明示されるのであるから，限定承認の存在及び効力についての前訴の判断に関しては，既判力に準ずる効力があると考えるべきであるし，また民訴法545条2項（現民事執行法35条2項）によると，確定判決に対する請求異議の訴は，異議を主張することを要する口頭弁論の終結後に生じた原因に基

づいてのみ提起することができるとされているが，その法意は，権利関係の安定，訴訟経済及び訴訟上の信義則等の観点から，判決の基礎となる口頭弁論において主張することのできた事由に基づいて判決の効力をその確定後に左右することは許されないとするにあると解すべきであり，右趣旨に照らすと，債権者が前訴において主張することのできた前述のごとき事実を主張して，前訴の確定判決が認めた限定承認の存在及び効力を争うことも同様に許されないものと考えられるからである。」

「そして，右のことは，債権者の給付請求に対し相続人から限定承認の主張が提出され，これが認められて留保付判決がされた場合であると，債権者がみずから留保付で請求をし留保付判決がされた場合であるとによって異なるところはないと解すべきである。」

□ ／　□ ／　□ ／

最判昭44.6.24

事 案

　建物の買主Yが，売主Xに対して，売買契約を理由として，建物の明渡し及び契約不履行に基づく損害賠償を請求した（別件訴訟）のに対して，Xが売買契約の詐欺による取消しを主張したが，裁判所は，詐欺による取消しを認めず，Yの請求を認容する判決をなし，その判決が確定した。

　他方，この建物については，すでにYへの所有権移転登記がされていたため，Xが，Yに対して，その売買契約を原因とする所有権移転登記の抹消手続を求める訴えを提起し，売買契約の詐欺による取消しを主張した（本件訴訟）。

　原審がXの請求を認容したので，Yは建物がYの所有であることは別件訴訟で先に確定した判決で確定していると主張し，上告した。

要 旨

　「右確定判決は，その理由において，本件売買契約の詐欺による取消の抗弁を排斥し，右売買契約が有効であること，現在の法律関係に引き直していえば，本件不動産がYの所有であることを確認していても，訴訟物である本件建物の明渡請求権および右契約不履行による損害賠償としての金銭支払請求権の有無について既判力を有するにすぎず，本件建物の所有権の存否について，既判力およびこれに類似する効力（いわゆる争点効，以下同様とする。）を有するものではない。一方，本件訴訟におけるXの請求原因は，右本件不動産の売買契約が詐欺によって取り消されたことを理由として，本件不動産の所有権に基づいて，すでに経由された前叙の所有権移転登記の抹消登記手続を求めるというにあるから，かりに，本件訴訟において，Xの右請求原因が認容され，X勝訴の判決が確定したとしても，訴訟物である右抹消登記請求権の有無について既判力を有するにすぎず，本件不動産の所有権の存否については，既判力およびこれに類似する効力を有するものではない。以上のように，別件訴訟の確定判決の既判力と本件訴訟においてX勝訴の判決が確定した場合に生ずる既判力とは牴触衝突するところがなく，両訴訟の確定判決は，ともに本件不動産の所有権の存否について既判力およびこれに類似する効力を有するものではないから，論旨は採るをえない。」

最判昭51.9.30

事案

　A所有の土地につき自作農創設特別措置法による買収処分があり，同土地がBに売り渡された。その後，A・Bが死亡し，Aの相続人の1人X1が，Bの相続人Y1らに対し，Bとの間で同土地の買戻契約が成立したと主張して，農地法所定の許可申請手続及び同許可を条件とする所有権移転登記手続を請求する訴えを提起した（以下「前訴」という）。結局，前訴について，買戻しの事実はないとして，請求棄却判決が確定した。ところが，その後，買収処分後約20年が経過してから，X1と，Aの他の相続人X2～X4は，Bの相続人Y1らと前訴係属中にY1らから土地の一部を譲り受けたY2を相手に，土地の買収処分の無効を理由とする所有権移転登記の抹消登記に代わる移転登記手続を求める訴えを提起した。

要旨

　「右事実関係のもとにおいては，前訴と本訴は，訴訟物を異にするとはいえ，ひっきょう，右Aの相続人が，右Bの相続人及び右相続人から譲渡をうけた者に対し，本件各土地の買収処分の無効を前提としてその取戻を目的として提起したものであり，本訴は，実質的には，前訴のむし返しというべきものであり，前訴において本訴の請求をすることに支障もなかったのにかかわらず，さらにX1らが本訴を提起することは，本訴提起時にすでに右買収処分後約20年も経過しており，右買収処分に基づき本件各土地の売渡をうけた右B及びその承継人の地位を不当に長く不安定な状態におくことになることを考慮するときは，信義則に照らして許されないものと解するのが相当である。」

□__／__□__／__□__／

最判昭51.10.21

事 案

　債権者Yが連帯保証人Xと主債務者Aを共同被告としてそれぞれの債務の履行を求めて訴訟を提起したところ，連帯保証人Xは口頭弁論期日に出席せず，何ら訴訟行為を行わないため，裁判所は弁論を分離し，YのXに対する勝訴判決が言い渡され，確定した。一方，Yは主債務者Aに敗訴し，これも確定した。その後，YはXに対して強制執行を開始したが，Xは前記主債務者の勝訴判決を援用して請求異議の訴えを提起した。

要 旨

　「一般に保証人が，債権者からの保証債務履行請求訴訟において，主債務者勝訴の確定判決を援用することにより保証人勝訴の判決を導きうると解せられるにしても，保証人がすでに保証人敗訴の確定判決を受けているときは，保証人敗訴の判決確定後に主債務者勝訴の判決が確定しても，同判決が保証人敗訴の確定判決の基礎となった事実審口頭弁論終結の時までに生じた事実を理由としてされている以上，保証人は右主債務者勝訴の確定判決を保証人敗訴の確定判決に対する請求異議の事由にする余地はないものと解すべき」である。

最判昭43.9.12

事　案

　Xは本件土地の所有者であるが，本件建物の所有者であるY１に対し，建物収去土地明渡請求及び本件建物の所有権を取得した日（昭和37年１月27日）以降本件土地明渡しまでの賃料相当額の損害金の支払を求め，Y１が本件建物の所有権を取得する前に，強制競売によりその所有権を取得したY２（その後Y１が本件建物を買い戻した）に対し，その所有期間中（昭和34年１月16日～昭和37年１月26日）本件土地を不法に占有したことによって土地賃料相当の損害を被ったとして，その賠償を求めた。

　Y２は不法行為の成立を争うにとどまったが，Y１は自らに対する明渡請求に対する抗弁として，A（本件建物の前主，Y１の父）は昭和33年11月28日以来Xから本件土地を賃借して賃料を支払っていたが，昭和35年６月にY１はXの承諾のもとに上記賃借権を譲り受け，賃料を支払ってきたと主張した（Y２が本件建物を所有していた間も賃借権はA又はY１に帰属していたと主張）。

　原審は，Y１の関係で賃貸借の存在を認めて請求を棄却した（この判断も失当であったとされている）が，Y２に対する請求についても，「Y２の占有は不法占有になるけれども，相被告たるY１はY２の占有期間中も賃料を支払っている旨を主張しており，その主張は，補助参加人の主張としてY２にその効力を及ぼすが，これにそう事実の存在についてはXに擬制自白が成立するから，右損害は補填されたことになる」としてXのY２に対する請求をも棄却した。Xが上告。

要　旨

　「通常の共同訴訟においては，共同訴訟人の一人のする訴訟行為は他の共同訴訟人のため効力を生じないのであって，たとえ共同訴訟人間に共通の利害関係が存するときでも同様である。したがって，共同訴訟人が相互に補助しようとするときは，補助参加の申出をすることを要するのである。もしなんらかかる申出をしないのにかかわらず，共同訴訟人とその相手方との間の関係から見て，その共同訴訟人の訴訟行為が，他の共同訴訟人のため当然に補助参加がされたと同一の効果を認めるものとするときは，果していかなる関係があるときこのような効果を認めるかに関して明確な基準を欠き，徒らに訴訟を混乱せしめることなきを保しえない。

　されば，本件記録上，なんらY１から補助参加の申出がされた事実がないのにかかわらず，Y１の主張をもってY２のための補助参加人の主張としてその効力を認めた原判決の判断は失当であり，右の誤りは判決の結論に影響を及ぼすことが明らかであるから，この点に関し同旨をいう論旨は理由があり，原判決は右請求に関する部分についても破棄を免れない。」

□　/　　□　/　　□　/

最判昭43.3.15

事 案

　Xは，本件土地に本件建物を建築して居住していたAを被告として，建物収去土地明渡を求める訴えを提起したところ，X勝訴の第一審判決が言い渡されたが，その後，Aが第一審の口頭弁論終結前に死亡していたことが判明した。Aの訴訟代理人弁護士は，第一審の口頭弁論終結後判決言渡し前に辞任していたので，XはAの子であるY1～Y3の3名を相手に受継の申立てをした。原審では，Y1らが敗訴したが，Y1らは，Aには，Y1ら以外にその共同相続人としてBがおり，Bを被告とすべきであったとして上告。

要 旨

　「Xの被告Aに対する本訴請求が本件土地の所有権に基づいてその地上にある建物の所有者である同被告に対し建物収去土地明渡を求めるものであることは記録上明らかであるから，同被告が死亡した場合には，かりにBが同被告の相続人の一人であるとすれば，Bは当然に同被告の地位を承継し，右請求について当事者の地位を取得することは当然である。しかし，土地の所有者がその所有権に基づいて地上の建物の所有者である共同相続人を相手方とし，建物収去土地明渡を請求する訴訟は，いわゆる固有必要的共同訴訟ではないと解すべきである。けだし，右の場合，共同相続人らの義務はいわゆる不可分債務であるから，その請求において理由があるときは，同人らは土地所有者に対する関係では，各自係争物件の全部についてその侵害行為の全部を除去すべき義務を負うのであって，土地所有者は共同相続人ら各自に対し，順次その義務の履行を訴求することができ，必ずしも全員に対して同時に訴を提起し，同時に判決を得ることを要しないからである。もし……これを固有必要的共同訴訟であると解するならば，共同相続人の全部を共同の被告としなければ被告たる当事者適格を有しないことになるのであるが，そうだとすると，原告は，建物収去土地明渡の義務あることについて争う意思を全く有しない共同相続人をも被告としなければならないわけであり，また被告たる共同相続人のうちで訴訟進行中に原告の主張を認めるにいたった者がある場合でも，当該被告がこれを認諾し，又は原告がこれに対する訴を取り下げる等の手段に出ることができず，いたずらに無用の手続を重ねなければならないことになるのである。のみならず，相続登記のない家屋を数人の共同相続人が所有してその敷地を不法に占拠しているような場合には，その所有者が果して何びとであるかを明らかにしえないことが稀ではない。そのような場合は，その一部

の者を手続に加えなかったために，既になされた訴訟手続ないし判決が無効に帰するおそれもあるのである。以上のように，これを必要的共同訴訟と解するならば，手続上の不経済と不安定を招来するおそれなしとしないのであって，これらの障碍を避けるためにも，これを必要的共同訴訟と解しないのが相当である。また，他面，これを通常の共同訴訟であると解したとしても，一般に，土地所有者は，共同相続人各自に対して債務名義を取得するか，あるいはその同意をえたうえでなければ，その強制執行をすることが許されないのであるから，かく解することが，直ちに，被告の権利保護に欠けるものとはいえないのである。そうであれば，本件において，所論の如く，他に同被告の承継人が存在する場合であっても，受継手続を了した者のみについて手続を進行し，その者との関係においてのみ審理判決することを妨げる理由はないから，原審の手続には，……違法はない」。

□ ／ □ ／ □ ／

最判昭46.10.7

事 案

　X1X2は，共同して甲土地をAから買い受けてその所有権を取得したが，都合によりY（X1X2の息子）名義に所有権移転登記を経由した。しかし，次第にYが真実の所有者であるかのように振る舞うようになったため，その登記は実体関係に合致しないものであるとの理由で，Yに対し本件土地の共有権の確認及び登記の抹消登記手続に代えて所有権移転登記手続を求めた。その後，X2は，一審係属中に本訴を取り下げる旨の書面を提出したので，この取下げが有効か否か問題となった。

要 旨

　「一個の物を共有する数名の者全員が，共同原告となり，いわゆる共有権（数人が共同して有する一個の所有権）に基づき，その共有権を争う第三者を相手方として，共有権の確認を求めているときは，その訴訟の形態はいわゆる固有必要的共同訴訟と解するのが相当である……。けだし，この場合には，共有者全員の有する一個の所有権そのものが紛争の対象となっているのであって，共有者全員が共同して訴訟追行権を有し，その紛争の解決いかんについては共有者全員が法律上利害関係を有するから，その判決による解決は全員に矛盾なくなされることが要請され，かつ，紛争の合理的解決をはかるべき訴訟制度のたてまえからするも，共有者全員につき合一に確定する必要があるというべきだからである。」

　「また，これと同様に，一個の不動産を共有する数名の者全員が，共同原告となって，共有権に基づき所有権移転登記手続を求めているときは，その訴訟の形態も固有必要的共同訴訟と解するのが相当であり……，その移転登記請求が真正な所有名義の回復の目的に出たものであったとしても，その理は異ならない。」

　「それゆえ，このような訴訟の係属中に共同原告の一人が訴の取下げをしても，その取下げは効力を生じないものというべきである。」

□ ／ □ ／ □ ／

最判昭62.7.17

事 案

　Ｘは，Ｙ１に対して，損害賠償請求訴訟を提起した後，Ｙ２を訴訟に追加する申立てをした。

要 旨

　「甲が，乙を被告として提起した訴訟（以下「旧訴訟」という。）の係属後に丙を被告とする請求を旧訴訟に追加して一個の判決を得ようとする場合は，甲は，丙に対する別訴（以下「新訴」という。）を提起したうえで，法〔152〕条の規定による口頭弁論の併合を裁判所に促し，併合につき裁判所の判断を受けるべきであり，仮に新旧両訴訟の目的たる権利又は義務につき法〔38〕条所定の共同訴訟の要件が具備する場合であっても，新訴が〔152〕条の適用をまたずに当然に旧訴訟に併合されるとの効果を認めることはできないというべきである。けだし，かかる併合を認める明文の規定がないのみでなく，これを認めた場合でも，新訴につき旧訴訟の訴訟状態を当然に利用することができるかどうかについては問題があり，必ずしも訴訟経済に適うものでもなく，かえって訴訟を複雑化させるという弊害も予想され，また，軽率な提訴ないし濫訴が増えるおそれもあり，新訴の提起の時期いかんによっては訴訟の遅延を招きやすいことなどを勘案すれば，所論のいう追加的併合を認めるのは相当ではないからである。」

☐ ／ ☐ ／ ☐ ／

最判平14.1.22

事 案

　Yは，カラオケボックス（以下「本件店舗」という）建築のため，平成6年10月，Aとの間で店舗新築工事請負契約を締結した。Xは，Aに対し，家具等の商品（そのうち，本件において問題となる家具等を「本件商品」という）を販売したとして，平成7年9月18日，和歌山地方裁判所にその残代金の支払を求める訴えを提起した（以下，同訴訟を「前訴」という）。前訴において，Aは，Xが本件店舗に納入した本件商品を含む商品について，施主であるYがXから買い受けたものであると主張したことから，Xは，Yに対し，平成8年1月27日送達の訴訟告知書により訴訟告知をした。しかし，Yは，前訴に補助参加しなかった。

　前訴につき，本件商品に係る代金請求部分について，Xの請求を棄却する旨の判決が言い渡され確定したが，その理由中に，本件商品はYが買い受けたことが認められる旨の記載がある。そこで，Xが，Yに対し，本件商品の売買代金の支払を求めて訴えを提起した（以下，同訴訟を「本訴」という）。

要 旨

　「裁判が訴訟告知を受けたが参加しなかった者に対しても効力を有するのは，訴訟告知を受けた者が同法〔42〕条にいう訴訟の結果につき法律上の利害関係を有する場合に限られるところ，ここにいう法律上の利害関係を有する場合とは，当該訴訟の判決が参加人の私法上又は公法上の法的地位又は法的利益に影響を及ぼすおそれがある場合をいうものと解される……。

　また，旧民訴法70条所定の効力は，判決の主文に包含された訴訟物たる権利関係の存否についての判断だけではなく，その前提として判決の理由中でされた事実の認定や先決的権利関係の存否についての判断などにも及ぶものであるが……，この判決の理由中でされた事実の認定や先決的権利関係の存否についての判断とは，判決の主文を導き出すために必要な主要事実に係る認定及び法律判断などをいうものであって，これに当たらない事実又は論点について示された認定や法律判断を含むものではないと解される。けだし，ここでいう判決の理由とは，判決の主文に掲げる結論を導き出した判断過程を明らかにする部分をいい，これは主要事実に係る認定と法律判断などをもって必要にして十分なものと解されるからである。そして，その他，旧民訴法70条所定の効力が，判決の結論に影響のない傍論において示された事実の認定や法律判断に及ぶものと解すべき理由はない。」

　「これを本件についてみるに，前訴におけるXのAに対する本件商品売買代金

請求訴訟の結果によって，YのXに対する本件商品の売買代金支払義務の有無が決せられる関係にあるものではなく，前訴の判決はYの法的地位又は法的利益に影響を及ぼすものではないから，Yは，前訴の訴訟の結果につき法律上の利害関係を有していたとはいえない。したがって，Yが前訴の訴訟告知を受けたからといってYに前訴の判決の効力が及ぶものではない。しかも，前訴の判決理由中，Aが本件商品を買い受けたものとは認められない旨の記載は主要事実に係る認定に当たるが，Yが本件商品を買い受けたことが認められる旨の記載は，前訴判決の主文を導き出すために必要な判断ではない傍論において示された事実の認定にすぎないものであるから，同記載をもって，本訴において，Yは，Xに対し，本件商品の買主がYではないと主張することが許されないと解すべき理由もない。」

判例索引

アガルートアカデミーは，
2015年1月に開校した
オンラインによる講義の配信を中心とする
資格予備校です。

「アガルート（AGAROOT）」には，
資格の取得を目指す受験生の
キャリア，実力，モチベーションが
あがる道（ルート）になり，
出発点・原点（ROOT）になる，
という思いが込められています。

上田 亮祐 さん

平成29年度司法試験総合34位合格
神戸大学・神戸大学法科大学院出身

―― 法曹を目指したきっかけを教えてください。

　私は，小学生の頃にテレビに出ていた弁護士に憧れを抱いて，弁護士を目指すようになりました。

―― 勉強の方針とどのように勉強を進めていましたか？

　演習を中心に進めていました。

　アガルートアカデミーの講座の受講を始めたのはロースクール入学年の2015年4月からなのですが，それまでは別の予備校の入門講座，論文講座を受講していました。しかし，そこでは「まだ答案の書き方が分からないから，とりあえず講座の動画を消化しよう。消化していけば答案の書き方が分かるようになるはずだ」と考え，講義動画を見たり，入門テキスト，判例百選を読むだけで，自分でほとんど答案を書かず実力をつけられないままロースクール入試を迎えました。

　なんとか神戸大学法科大学院に入学し，自分の実力が最底辺のものでこのままでは2年後の司法試験合格どころかロー卒業すらも危ういと分かると，司法試験の勉強として何をすれば良いのかを必死で考えるようになりました。そして，「司法試験は，試験の本番に良い答案を書けることができれば合格する試験である」という当たり前の命題から，「少しでも良い答案を書けるように，答案を書く練習をメインに勉強しよう」と考えるようになりました。

　そこで，総合講義300を受講し直しつつ，重要問題習得講座のテキストを用いて，論文答案を書く練習を勉強のメインに据えていました。また，なるべく手を広げないように，同じ教材を繰り返すことを心がけていました。

—— 受講された講座と，その講座の良さ，使い方を教えてください。

【総合講義300】

　総合講義300の良さは，講義内でテキストを３周するシステムだと思います。

　以前受講した別の予備校の入門講座は，民法だけで100時間以上の講義時間がある上，テキストを１周して終わるため，講義を受け終わると最初の方にやったことをほとんど覚えていないということが普通でした。しかし，アガルートの総合講義は，講義内でテキストを３周するため，それまでにやったことを忘れにくい構造になっていると感じました。テキストも薄く持ち運びに便利で，受験生のことをしっかり考えてくれていると思いました。

【論証集の「使い方」】

　短い時間で各科目の復習，論点の書き方の簡単な確認ができるのがとても優れています。講義音声をダウンロードして，iPodで繰り返し再生していました。

【論文答案の「書き方」】

　答案の書き方が分からない状態というのは，「今は書けないから，問題演習しないでおこう，答案を書かないでおこう」と考えがちなのですが，そんな初学者状態の受験生に，強制的に答案を書く契機を与えてくれるので，そういう点でこの講座は有益だったと思います。他のテキストではあまり見ない「答案構成例」が見られるのも初学者の自分には助かりました。また，重要問題習得講座のテキストを用いた演習方法は，この講座で工藤先生がやっていたことをそのままやろうと考えて思いついたのであり，この講座がなければ勉強の方向性が大きく変わっていたのではないかと思います。

【重要問題習得講座】

　テキストが特に優れています。予備校の講座内で使用されているテキストは，口頭・講義内での説明を前提としているため，解説が書かれていなかったり不十分なことが多いのですが，重要問題習得講座のテキストは十分な解説が掲載されていますし，論証集，総合講義の参照頁も記載されていますから，自学自習でも十分にテキストを利用することができます。

【旧司法試験論文過去問解析講座（上三法）】

　テキストに掲載されている解説が詳細であるのみならず，予備試験合格者が60分で六法以外何も見ずに書いた答案が掲載されており，予備試験合格者のリアルなレベルを知ることができたのはとても有益でした。完全解を目指すためには模範答案を，とりあえず自分がどの程度のレベルに到達しているのかを測るためには予備試験合格者の答案を見れば良かったので，全司法試験・予備試験受験生に薦めたい講座の１つです。

—— 学習時間はどのように確保していましたか？

　　学習時間はローの講義のない空きコマで問題を解くようにしていました。また，集中できないときはスマホの電源を切ってカバンの中にしまったり，そもそもスマホを持って大学に行かないようにすることで，「勉強以外にやることがない」状況を意図的に作り出すようにしていました。

—— 振り返ってみて合格の決め手は？　合格にアガルートの講座はどのくらい影響しましたか？

　　演習中心で勉強し，細かい知識に拘泥することなく，「受かればなんでも良い」という精神で合格に必要な最短コースを選ぶことができたのが合格の最大の決め手になったのだと思います。重要問題習得講座は，そのような演習中心の勉強をするに当たりかなり有益でした。また，論証集の「使い方」についても，その内容面はもちろん，勉強方法について講座内でも，工藤先生は再三「受かればなんでもいい」「みなさんの目的は法学を理解することではなく，受かること」と仰っており，講義音声を聞き返す度にこれを耳にすることになるので，自分の目的意識を明確に保つことができたように思います。

—— 後進受験生にメッセージをお願いします。

　　私自身もそうでしたが，よく思うのは，「合格者に勉強方法などについて質問をたくさんする人ほど，自分で勉強する気がない」ということです。勉強方法や合格体験談の情報をたくさん集めるだけで，なんとなく自分の合格が近づいたように錯覚してしまい，真面目に勉強しなくなるというのは私自身が経験した失敗です。受験生がやるべきことは，失敗体験を集めた上で，その失敗を自分がしないようにすることだと思います。私は講義動画を視聴するだけで自分では答案を書かなかったために，ロー入学時点で答案の書き方が全く分からない，答案が書けないという失敗を犯しました。受験生の方には，ぜひとも私と同じ失敗をしないようにしていただきたいと思います。

Profile

上田 亮祐（うえだ・りょうすけ）さん

25歳（合格時），神戸大学法科大学院出身。
平成28年予備試験合格（短答1998位，論文173位，口述162位），
司法試験総合34位（公法系199～210位，民事系70～72位，
刑事系113～125位，選択科目（知的財産法）3位，論文34位，
短答455位），受験回数：予備，本試験ともに1回ずつ。

福澤 寛人 さん

平成30年度司法試験予備試験合格
令和元年度司法試験1回目合格　慶應義塾大学出身

—— 法曹を目指したきっかけを教えてください。

　　法律の勉強が楽しく，法律を扱う仕事をしたいと感じたからです。弁護士の業務への興味よりも，法律学への興味が先行していました。

—— どのように勉強を進めていましたか？

　　総合講義300を受講したあとに，ラウンジ指導を受け，論文を書き始めました。今思えば，総合講義300と論文答案の「書き方」・重要問題習得講座は並行して受講すべきであったと感じています。

　　勉強の方針としては，手を広げすぎず，アガルートの講座を中心に勉強をしました。また，特に過去問の分析にも力を入れ，本試験というゴールを意識した勉強をするよう心掛けていました。

—— 受講された講座と，その講座の良さ，使い方を教えてください。

【総合講義300】

　　総合講義300は，300時間という短時間で法律科目全体を学べる点が良かったです。講座自体はとても分かりやすいのですが，法律そのものが難解ですので，どうしても理解できない箇所がありました。しかし，工藤先生がおっしゃる通り，分からない箇所があったとしても，一旦飛ばして先に進むという方針で勉強をしました。その結果，躓くことなく，また，ストレスを感じることなく，勉強を進めることができました。

【論文答案の「書き方」】

　　この講座は，論文の書き方の基礎をさらっと学べる点が良かったです。この講座は，受講をした後に，練習問題を実際に書き，先生に添削していただくと

いう使い方をしました。

【重要問題習得講座】

　この講座は，全ての問題を解くことで，重要な論点の論文問題をこなせる点が良かったです。この講座は，答案構成をした後に解説講義を聴き，自分の答案構成と参考答案を見比べ，自分に何が足りていないかを分析するという使い方をしました。

【論証集の「使い方」】

　この講座は，繰り返し聴くことで，自然と論証が頭に入ってくる点が良かったです。この講座は，iPhoneに音声を入れ，1.5倍速ほどのスピードで繰り返し聴くという使い方をしました。

【予備試験過去問解析講座】

　この講座は，難解な予備試験の過去問について，丁寧に解説がなされている点が良かったです。この講座は，予備試験の論文の過去問を実際に解いた後に，講義を聴くという使い方をしました。

—— 学習時間はどのように確保していましたか？

　隙間時間を有効に活用することで，最低限の学習時間を確保するよう意識していました。勉強に飽きたときには，あえて勉強をせず，ストレスをためないように意識をしていました。

—— 直前期はどう過ごしていましたか？

　直前期は，自分でまとめた自分の弱点ノートを見直していました。自分には，問題文を読み飛ばす・事情を拾い落とすなどの弱点があったため，本番でその失敗をしないよう，何度もノートを見ることで注意を喚起しました。また，何とかなるでしょうという気軽な心構えで試験を迎えました。

—— 試験期間中の過ごし方は？

　普段と違うことはせず，普段と同じ行動をするように心掛けました。また，辛い物や冷たい物など，体調を崩す可能性のある物は食べないよう気をつけました。

—— 受験した時の手ごたえと合格した時の気持ちを教えてください。

　短答式試験は落ちたと感じましたが，実際には合格できていたので，スタートラインに立てたという安心感がありました。

論文式試験は初受験だったため、よくできたのかできなかったのかも分かりませんでした。そのため、論文合格を知った時は嬉しい気持ちと驚きの気持ちが半々でした。

　口述式試験は、完璧にはほど遠い手ごたえでしたが、合格しているとは感じていました。実際に合格していると知ったときには安堵しました。

―― 振り返ってみて合格の決め手は？　合格にアガルートの講座はどのくらい影響しましたか？

　合格の決め手は、アガルートを信じて手を広げ過ぎなかったことであると感じています。アガルートの講座のみを繰り返すことによって盤石な基礎固めをすることができたと思います。そのため、上記の講座は、今回の合格に大きく影響していると考えます。

―― アガルートアカデミーを一言で表すと？

　「合格塾」です。

―― 後進受験生にメッセージをお願いします。

　予備試験は出題範囲が広く、受験は長期間の闘いになると思います。ですので、無理をし過ぎず、ストレスをためない勉強方法を模索することが大事だと思います。

　また、私は、模範答案とは程遠い答案しか書けずにいました。しかし、それでも結果的に合格できていることから、合格するためには模範答案ほどの答案を書ける必要はないと分かりました。そのため、完璧な答案を書けなくとも、気にすることなく勉強を進めていただければと思います。

　同じ法曹を目指す仲間として、これからも勉強を頑張りましょう。

Profile

福澤 寛人 (ふくざわ・ひろと) さん

21歳（合格時），慶應義塾大学4年生。
在学中に受けた2回目の予備試験で合格を勝ち取る。短答1770位，論文106位。

〈編著者紹介〉

アガルートアカデミー

大人気オンライン資格試験予備校。2015年1月開校。

● 司法試験，行政書士試験，社会保険労務士試験をはじめとする
法律系難関資格を中心に各種資格試験対策向けの講座を提供し
ている。受験生の絶大な支持を集める人気講師を多数擁する。
合格に必要な知識だけを盛り込んだフルカラーのオリジナルテ
キストとわかりやすく記憶に残りやすいよう計算された講義で，
受講生を最短合格へ導く。

● 近時は，「オンライン学習×個別指導」で予備試験・司法試験の
短期学習合格者を続々と輩出する。

アガルートの司法試験・予備試験
総合講義1問1答　民事訴訟法

2021年7月30日　初版第1刷発行
2023年9月20日　初版第2刷発行

編著者　アガルートアカデミー

発行者　アガルート・パブリッシング
〒162-0814　東京都新宿区新小川町5-5　サンケンビル4階
e-mail：customer@agaroot.jp
ウェブサイト：https://www.agaroot.jp/

発売　サンクチュアリ出版
〒113-0023　東京都文京区向丘2-14-9
電話：03-5834-2507　FAX：03-5834-2508

印刷・製本　シナノ書籍印刷株式会社

すべては受験生の最短合格のために

AGAROOT
ACADEMY

アガルートアカデミー ｜ 検索